ボトム オブ ジャパン

Bottom of Japan

日本のどん底

Keisei Suzuki
鈴木傾城

集広舎

はじめに

二〇一九年九月十六日。午前十一時十分頃、四十歳になる原子真一《はらこしんいち》という名の男が新宿のネットカフェで放火事件を起こした。個室ブースで雑誌やトイレットペーパーに火をつけて店内を二十平方メートル焼いた。幸いにして死者は出なかったが、場合によっては店内にいた約十名が焼死していてもおかしくないような事件だった。

彼はネットカフェに住んでいたのだが、四十歳になっても住居もなく、カネもなく、事件の一週間ほど前から仕事も失っていて自暴自棄《じぼうじき》になっていたのだった。そして「人を刺すか火をつけるか考えたが、火をつける方が簡単だと思った」ので、放火した。

しかし、彼は警察から逃げ切るつもりはなく、事件を起こした一時間後には出頭してこのように話していた。

「もう、どうでもよくなってやった」

この事件が起きた数日後、私は新宿歌舞伎町の大久保公園寄りにある、あるネットカフェに暮らす二十三歳の女性に会っていた。自然にこの話になったのだが、彼女もこの事件のことをよく知っていた。

ネットカフェを転々とする彼らの間で、この事件は話題になっていたのだ。そして、取り留めない雑談の中で彼女は「あそこにいなくて良かった。あそこにいたら私は煙を吸って死んでたかもしれない」みたいなことを私に言った。

私が「仕事もカネもなくなったから火をつけるというのはマズいよね」と何気なく彼女に言うと、彼女は何も分かっていないないという顔をして私を見つめてから、このように言った。

「なんで？　私もいつ発狂して同じことするか分からないよ」

彼女は真顔だった。いつも目を伏せて人と話す時も決して目を上げない彼女が、この時はまっすぐに私を見つめた。

二〇一九年十二月。仕事がなくて困っている別の女性ともこの放火事件の話をした。彼女も「まぁ、気持ちは分かる。仕事もおカネもなくなったらホントどうでもよくなるから。死ねるから」と私に言った。

確かにそうだ。仕事もカネもなければ誰でも自暴自棄になって死にたいと思う。住居がなくてネットカフェで寝泊まりしている彼らにとっては、とりわけ「今ここにある危機」だろう。

はじめに

仕事は必要だ。

しかし、二〇一九年十二月までは彼らもまだ幸せだったかもしれない。

二〇二〇年、突如として世界は地獄と化した。

新型コロナウイルスが中国を覆い尽くし、日本を覆い尽くし、欧米を覆い尽くし、そして全世界の経済はめちゃくちゃに破壊してしまったのだ。全世界が自国の主要都市をロックダウンし、日本も緊急事態宣言が発令されて経済が急減速した。企業は売上を失い、従業員は仕事を失い、失業者はうなぎ上りに上昇した。

社会のどん底《ボトム》に落ちる人たちが急激に膨れ上がっていった。

＊

社会が大混乱する中でどん底に落ちてしまった人々は、常に手厚く助けられるわけではない。彼らの苦境は平時においても「見て見ぬフリ」をされて放置されていたのだ。どん底に落ちる人たちが増えたのであれば、ますます救済の網の目からこぼれる人たちが増える。

二〇二〇年。全世界の経済環境は地獄に突入した。日本も凄まじい経済悪化に大きなダメージを受けてしまっている。そして、「これは恐慌だ」と述べる人も増えた。そうなのだ。「恐慌」とも言うべき、想像を絶する景気後退《リセッション》がやってきているのである。

そして私は、「もう、どうでもよくなってやった」と言ってネットカフェを放火した原子真一のことを思い出すのだった。彼の事件は新型コロナウイルスで社会が大混乱する前の事件だったが、それでも彼はすでに追い込まれていた。そして彼と同じ境遇にある人々も同じ自暴自棄を共有していた。

今の状況は、彼が自暴自棄になった頃よりもはるかに悪い。彼と同じ心境に追い込まれた人たちが大勢いて、彼らが今も街をさまよっている。

もし、これから「恐慌」とも言うべき強烈な経済後退がやってくるのであれば、私たちもまた「どん底」に転がり落ちてしまうかもしれない。そうであれば、「日本のどん底《ボトム・オブ・ジャパン》」がどんなものであったのかを知るのは、私たちの未来を知ることではないのか。それは今や「他人事」でも何でもない。「自分事」なのである。

日本の社会のどん底とは、どんな世界だったのか。

そして、どうなってしまうのか……。

戦後最大のダメージが襲いかかってきているのだから、私たちは自分たちが向かうべき

はじめに

住居喪失者がネットカフェ以外に寝泊まりする場所

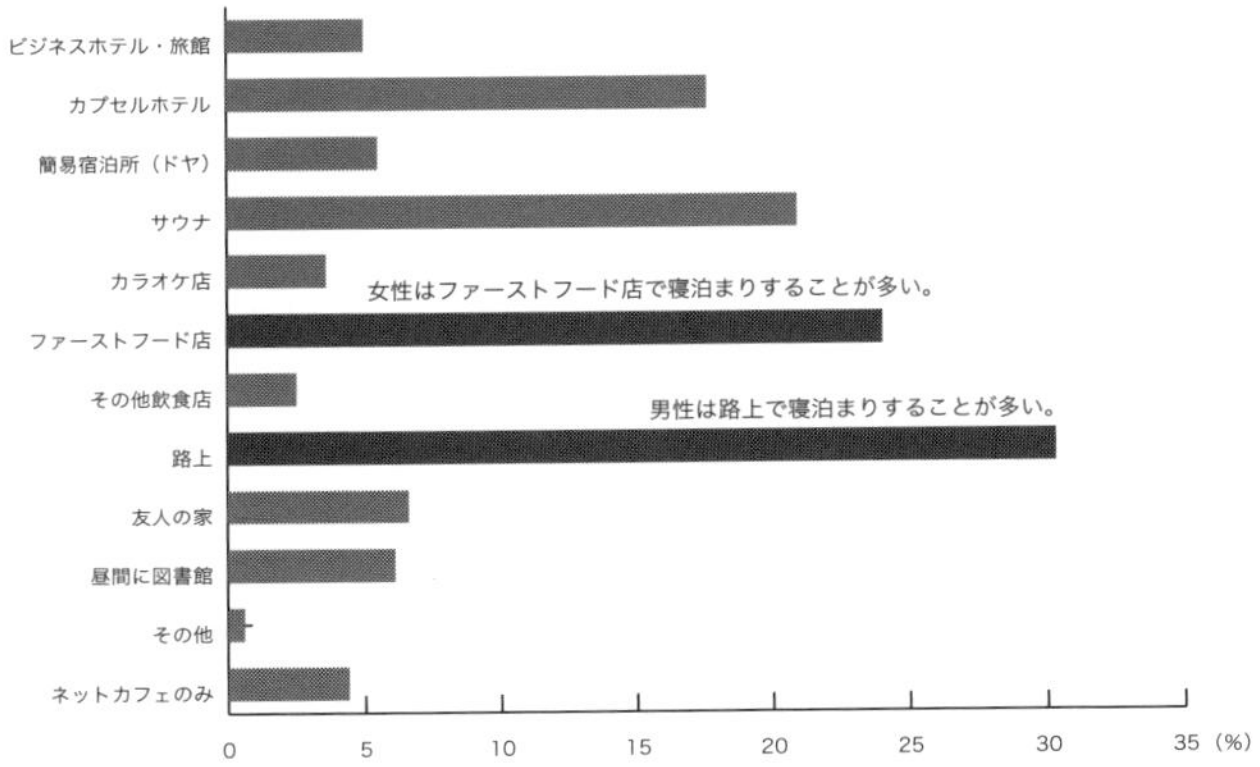

出所：東京都福祉保健局生活福祉部生活支援課
住居喪失不安定就労者等の実態に関する調査報告書

「日本のどん底《ボトム・オブ・ジャパン》」を知っておかなければならない。今まで見て見ぬふりをしてきた世界が、私たちの現実となる。

目次

第一章 ネットカフェ

彼らはどこから来たのか？

総務省統計局の二〇一九年のデータによると、日本には非正規雇用者が二一六五万人いる。労働人口は五六六〇万人なので、労働人口の約三十八％、ざっくりと言うと約四割が非正規雇用者であることになる。

彼らは「景気の調整弁」だから、景気が悪くなれば真っ先に切られる。切られる「ため」に彼らは非正規という身分で雇われたのだ。

それにしても、かつての日本の社会は「終身雇用」だとか「従業員は家族」だとか言っていたはずなのだが、すでに景気が悪くなればいつでも使い捨てできる労働者が労働人口の約四割を占めるということに今さらながら社会の変化に驚く。いつの間にか日本はそのような社会になっていたのである。

この変化はどこからやって来たのだろうか。

日本は土地担保主義だが、一九八〇年代後半の円高を背景にして資産バブルが発生すると、土地と株式がどんどん上がっていき、多くの企業や個人は我を忘れて株式投機・不動産投機にのめり込んでいった。「買ったら騰《あ》がる、どこまでも騰がる、毎年右肩上がりになる」という現状を見て、人々の理性は失われた。人々は銀行からカネを借りられるだけ借りて株式や不動産にぶち込むようになっていた。株式も不動産も空前の高値まで買い上げられていった。

そして一九九〇年。それが弾けた。

日本社会が大きく変わったのは、バブル崩壊という凄まじい経済ショックが襲いかかったことに端を発している。バブル崩壊が起きたのは一九九〇年からだ。それが鮮明化して不動産の資産下落で日本企業の多くが莫大な負債を抱えて苦しむようになり、不況が鮮明化するようになっていったのが一九九四年だった。

＊

株式が暴落し、不動産価格が下落して資産が萎縮するようになると、莫大なカネを銀行から借りていた企業や個人は証拠金の追加を迫られるようになって、資金繰りに苦しむようになった。景気が悪化し、内需も縮小し、企業は大きな赤字を抱えて生き残りに汲々となった。

この時代の企業はバブル崩壊の直撃を受けて新入社員を採用する余裕がなく、時代は「就職氷河期」へと突入していた。高校や大学を卒業しても仕事が見つからない。そう考えるとバブル崩壊の最中に仕事を探さなければならなかった「団塊ジュニア世代」は、日本のバブル崩壊で大きな悪影響を受けた世代であったと言える。

このバブル崩壊では政治も混乱していた。

一九九三年八月に成立した細川護熙《もりひろ》内閣は八ヶ月ほどで崩壊、一九九四年四月に成立した羽田孜《はたつとむ》内閣はたった二ヶ月で崩壊、一九九四年六月に成立した村山富市《とみいち》内閣は一年半持ったが日本を混乱させたまま何もできずに退陣するという有様だった。

悪いことに、この村山内閣の時期に日本には阪神淡路大震災が襲いかかって、バブル崩壊と政治混乱に苦しむ日本をさらにどん底《ボトム》に押しやった。

非正規雇用が広がっていったのは一九九〇年代の後半からだが、その背景にはバブル崩壊でもはや正社員を雇う余裕がなくなった企業の事情があったのである。まずは団塊ジュニア世代から正社員になれない人が急増していった。

この頃から日本の底辺部では次第に生活格差が広がっていくことになるのだが、それは非正規雇用での採用が増えていったことに大きな要因がある。

一九九九年には労働者派遣法が改正されているのだが、ここで派遣労働が原則自由化された

ことによって、日本に格差が定着するのが決定的になった。この格差拡大の状況は二〇〇〇年代に入るとより鮮明になる。

＊

二〇〇一年に登場した小泉純一郎内閣は「聖域なき構造改革」「不良債権処理」を推し進めたのだが、この中身は何だったのかというと、不良債権を抱えた企業を根こそぎ叩き潰すというものだった。

そして二〇〇三年には「改正産業活力再生特別措置法」を施行するのだが、これは企業がリストラすればするほど減税するというものだったのだ。これで団塊ジュニア世代だけでなく、新しく社会に出る若年層の命運は決まった。彼らの中で最も弱い人たち、すなわち中学卒業や高校卒業と言った学歴の人たちから雇用されるとしても非正規雇用だけしかなくなっていった。

この頃から「勝ち組、負け組」という言葉が流行するようになった。非正規雇用でしか雇われない若者たちは「負け組」と蔑《さげす》まれるようになり、彼らの窮状を見た中高年や高齢者は「自己責任だ。しっかりしろ」と罵《ののし》った。

バブル崩壊。就職氷河期。労働者派遣法。不良債権処理。改正産業活力再生特別措置法。一九九〇年代から続くこうした一連の流れが日本に格差と貧困をもたらして、これを一九七一年から一九七四年生まれの団塊《だんかい》ジュニア世代がまともに食《く》らった。

日本にとっても不運だったのは、これが日本の少子高齢化を悪化させ、加速させることにもつながったことだ。団塊ジュニア世代の親たちは「団塊の世代」と呼ぶ。この団塊の世代はなぜ「団塊」なのかというと、第一次ベビーブームが起きた時期に生まれた世代で、戦後日本において「最も人口が多い世代」だからだ。

この「最も人口が多い世代」が生んだ子供たちが団塊ジュニア世代であり、日本の人口動態においては二番目に人口が多い層である。本来であれば、この団塊ジュニア世代が二〇〇〇年代に入ってから第三次ベビーブームを起こして少子高齢化は緩和されるはずだったのだが、そ

住居喪失不安定就労者の就業状況

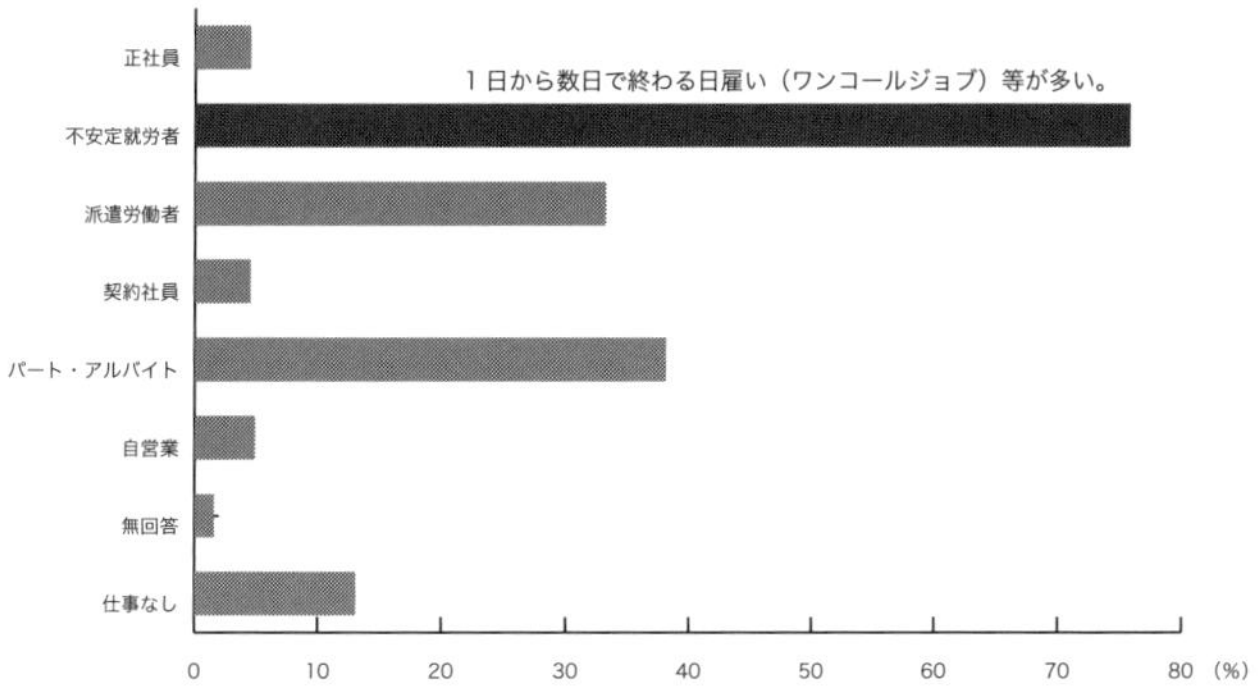

出所：東京都福祉保健局生活福祉部生活支援課
住居喪失不安定就労者等の実態に関する調査報告書

うならなかった。

非正規雇用で終身雇用から逸脱し、さらに低賃金を余儀なくされた彼らにとっては、子供を持つどころか、家庭を持つということすらも「大きなリスク」と感じるようになってしまったからである。低所得による貧困、低所得による結婚率の低下、それを起因とした少子化、そんな中での団塊の世代の高齢化。結果として社会保障費の増大、過酷になっていく税金、デフレ、イノベーションの低下……。

バブル崩壊によって日本に非正規雇用者が定着した。これによって、貧困や少子高齢化や社会保障費の増大などのありとあらゆる日本の問題が、あたかもがん細胞のように日本の社会に広がっていったのだった。そして、社会の底辺ではすでに住居すらも持てず、どん底《ボトム》をさまよい歩いている若者たちすらも現れるようになっている。

ネットカフェで暮らしていたデリヘル嬢

鶯谷《うぐいすだに》の激安デリヘルに勤める女性に会って話を聞いたことがある。彼女も住所を持たず、ネットカフェを転々として暮らす女性のひとりだった。鶯谷で彼女に会った時は驚いた。「大きさ」を感じる女性だった。身長も高くて一七〇センチほどだが、それよりも横幅がかなりあって体型が日本人離れしていた。

身長が高いこともあって第一印象が外国人のように見えた。本人もよくそれを言われると笑った。彼女はパネルでは二十歳で通していたが、実際の年齢は二十二歳だと答えた。この女性がネットカフェを泊まり歩いて暮らしているのだった。

デリヘルの仕事でそれなりに収入が入ってきているのだから、別にネットカフェに寝泊まりしなくてもいいのではないかと私は尋ねてみたが、彼女はその特異な体型のせいであまり客がついていなかった。「もう辞《や》めたい」と私に言った。しかし、貯金もないので仕事を辞めたらネットカフェも追い出されてしまうので細々と続けている。

以前は普通のアパートに入っていたのだが、家賃が払えなくなって追い出されていた。そして、「何となくネットカフェ生活になって、お金ができたらまたアパートを借りようと思いながら、だらだらとネットカフェ生活が続いていて、すでに一年以上も経ってしまった」と彼女は答えた。

「ネットカフェには同じ年の女の子も多い」と彼女は言った。それは私も確認していた。海外旅行に持っていくような大きなキャリーバッグをドアの外側に二つほど置いている女性もいた。女性たちがそこに所持品を全部詰め込んで、それを引きながらネットカフェを転々としているのだった。

いまや自分の部屋を持つことさえできず、ネットカフェで縮こまってホームレス一歩手前になっている女性たちの群れがあることに時代のはかなさを感じるしかなかった。あの薄暗いネットカフェに、この巨体の女性がじっと潜《ひそ》んでいるのが場違いな感じがする。しかし、彼女もまたネットカフェで暮らしていて抜け出せなくなってしまっている。

＊

それにしても、なぜアパートの家賃が払えなくなったのだろうか。彼女は単に「昼職が見つからなかった」と答えた。大柄で性格もそれほど暗くないので仕事はすぐに見つかりそうだが、彼女の問題はそこではなかった。

仕事を見つけてもすぐに辞めてしまう。仕事を続けられない。気力が持たない。それが彼女の問題だった。彼女はなぜこんなことになったのか、話をあちこちに飛ばして話していたが、それをまとめるとこのような内容だった。

高校を卒業して東京に出て来て、派遣でコールセンターの仕事や美容院の受け付けやウエイトレスをやって生きていたが、いつも急に仕事を行くのが嫌になって仕事を辞め、だんだん仕事が見つからなくなって家賃が払えなくなった。そこでネットカフェに潜り込んで何とかしのいでいるのだが、ネットカフェだと住所が不定だからよけいに仕事が見つけにくくなって風俗を続けている。その風俗も店を転々として、何となく続けたり辞めたりしている……。

実家は東北の方にあるのだが、住所もなくなってネットカフェになっている今でも「帰るつもりはない、田舎には仕事はないし、両親に助けてもらうつもりもない」と彼女は答えた。ネットカフェで暮らすのは大変だ。「狭いし、臭いし」と彼女は言う。しかし、突如として「でも楽しいこともあるよ」と逆のことを言い出した。

第1章　ネットカフェ

性風俗関連特殊営業の届出数（2019年）

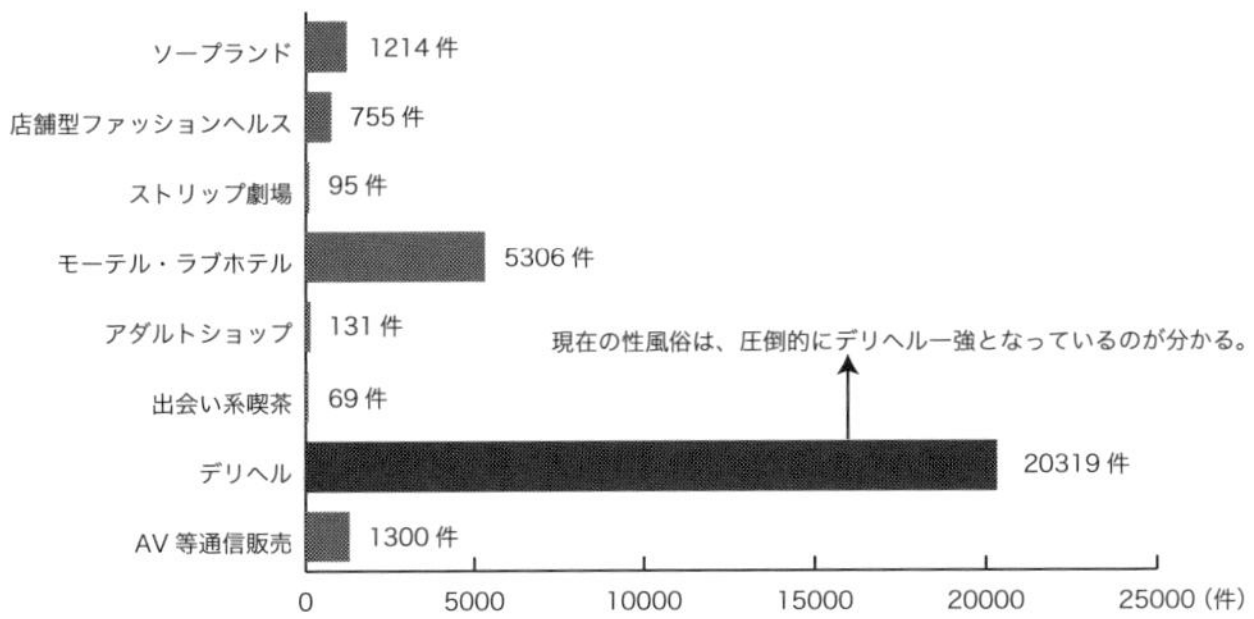

出所：警察庁生活安全局保安課

令和元年における風俗営業等の現状と風俗関係事犯の取締り状況等について

「ネカフェにゃ女の子けっこういるからね。一緒にくっちゃべったりすることもあるよ。それで、仕事の情報交換とかね。風《ふう》の仕事も私ができるなんて思わなかったけど、前にネカフェいた子が風俗やってて、その子がすっごい不細工なの。でも風やってんのね。あの子ができるんなら私もできるんじゃないとか思って激安を受けたら受かっちゃったから」

受かったと言っても、フリーのショートだと一回で二〇〇〇円程度しか入らないような最底辺なのだが、彼女は気にもしていないようだった。「自分は太っているから風俗なんかとてもできないと思っていたけど、太っていても風俗ができるのなら最初から風俗をしていればよかった」と、しみじみと言った。

三年前はまだ痩せていたので、その時から風俗をしていたら稼げたはずだと言うのが彼女の考えだった。

彼女は安物のスマートフォンを取り出して三年前に撮ったという写真を見せてくれたのだが、そこには今と比べると、ややマシな程度の彼女が写っていた。

＊

デリヘルは本番（膣《ちつ》を使った性行為）は禁止なのだが、彼女は客から求められたら本番も厭《いと》わずにすると私に言った。新宿の店の時は店の方針で本番はしなくてもいいと言われていたのだが、鶯谷《うぐいすだに》のデリヘルでは本番が暗黙の了解のように言われているので彼女はそれに従っていた。

彼女は新宿歌舞伎町のデリヘルに勤めていた時は、その店があまりにも他の女性のレベルが高くてまったく客がつかず、フリーの客を本指名にすることもできなかったので次第に店からも無視されるようになり、居たたまれなくなって無断で辞めていた。

そのように言うので私は彼女が鶯谷の今の店で二軒目なのかと思ったのだが、よくよく話を聞いてみるとそうではなく、他にもあちこちの店を飛んでいて、池袋を回って鶯谷に流れ着いたのだと言う。

彼女の「流れ癖」は住んでいるネットカフェにも及んでいた。いつも決まったところにいるわけではなく、あちこちのネットカフェを流れ歩いていた。同じところにいたら飽きるというのもあるのだが、「また来たのか」と店員に思われるのが嫌なのだと彼女は言った。

彼女が泊まるネットカフェは完全個室になっていないところだが、女性専門のフロアを選んでいるという。今は新宿のネットカフェを利用しているが、新宿歌舞伎町よりも新大久保寄りのネットカフェの方が価格が安いということもあって、「女性が集まりやすい場所になっている」と彼女は答えた。彼女の言う通り、女性客に配慮してフロアの半分は女性で占められている場所もある。

アパートやマンションに入れればいいとは思うのだが、彼女はそれが怖いと答えた。いつ家賃が払えなくなるか分からないし、払えなかったら追い出される。そうであれば最初からネットカフェでもいいのではないかというのが彼女の考えだった。

＊

ネットカフェで暮らす女性はもう珍しいものでも何でもなく、どん底にいる若い女性たちの日常になっているというのが彼女の口調から窺えた。

　彼女と話していて、今の若い女性にとってネットカフェがアパートかシェアハウスのような感覚で捉えられていることに私は何か複雑な気持ちになった。泊まる場所がなくてネットカフェを転々とするのは最底辺の暮らしだと私は思う。住所不定で真夜中の大都会を転々とする暮らしは、まさにホームレスさながらであり、その日暮らしの不安定なものだ。しかし、そうした女性が底辺で増えていくと、それは悲惨なものではなく日常となっていく。

　貧困がじわじわと広がっている時は絶望して自殺者も激増するが、社会が完全に貧困化すると今度は貧困の度合いは以前よりも深いのに、それが当たり前になって自殺者が減る。それと同じ現象に見える。

「確かに大変だけどネカフェも楽しいところがある」と彼女は強調した。マンガは好き放題に読めるし、インターネットが好きなだけ使えるし、ゲームもできるし、飲み物も自由だ。友達ができたりするので、学校に泊まっているような感覚になることもあるという。

　若い女性にとってはひとりでアパートで暮らすよりも、ずっと環境が悪いはずなのにネットカフェの方が面白い場所に感じるように変わりつつあるのか。彼女の生き方では「当分」どころか「永遠」にネットカフェ暮らしになる。まだ若い間はいいが、これが二十代の後半や三十代になっていけば、果たしてどうなるのかと私は想像を巡らせた。彼女は最底辺を最底辺と思わない性格なのでまだ救われているが、実際のところは厳しい生活だ。

バブルに踊って世界最大の金満国家に生まれていたことを享受していた一九八〇年代の頃の日本女性の華やかな姿は、今となってはもう影も形も残っていない。バブル崩壊後の一九九〇年代は「援助交際」をする少女たちが現れたが、彼女たちはまだバブルの残滓《ざんし》を吸っていて、売春の目的はブランドのバッグのような贅沢品を買うためのものだった。

しかし二〇〇〇年以降は若年層が貧困に落ちる時代となり、ネットカフェで暮らす女性たちも現れ、今では完全にバブル時代の残滓は消えていた。彼女は生きるためだけに汲々としており、過去の日本の姿を振り返って何かを思うような余裕はまったくない。そして、容易なことではそこから抜け出せない。まだ二十二歳だ。しかし彼女の人生は袋小路にはまっている。

社会的には「存在しないも同然」の人間

二〇一九年八月二十日。群馬県でひとつの事件が起きていた。五十八歳の女性が「九十二歳の母親が車の中で死亡している」という一一〇番通報があったのだが、警察が調べると確かに後部座席には座ったまま死んでいた九十二歳の母親の遺体があった。すでに死後四日が経っている状態だった。

実はこの五十八歳の女性は住む家がなく、九十二歳の母親と二十七歳の長男と三人で車上生活をしていたのだった。この三世代の一家は住むべき家を失っていた。その車上生活の最中で九十二歳の母親は寿命が尽きた。事件が起きた時は、すでに一年近く車上生活をしていた。車上生活と言っても、キャンピングカーのようなものではなく、ごく普通の軽自動車である。

九十二歳の母親が死んでもすぐに届け出することも病院に駆け込むことがなかったことも衝撃だが、それよりも狭い軽自動車で三世代が一年近くも生活していたということに驚く。住所を失っても行政の支援や救済を求めない。問題解決の方法が分からず、どうしていいのか分からないまま車で一年暮らす。今の日本で家を失って途方に暮れている人たちが確かに存在する。

家を失って籠《こ》もるように車上生活をする。あるいは、家を捨てて逃げるように車上生活に入る。今、日本のどん底《ボトム・オブ・ジャパン》で「誰にも助けを求めずに気が付いたら車上生活に入ってしまった」という人たちが少しずつ増えているというのが分かっている。

道の駅や、高速道路のサービスエリア、パーキングエリアでは、キャンプ気分で車上泊する人たちとは別に、ひっそりと車上生活をしているのではないかと思われる人や家族がいることを係員が報告している。あるいは目立たない道路の側道で車を停めて、隠れるように車上生活し続けている人たちもいる。

彼らは様々な事情を抱えて車上生活をしているのだが、その多くは「借金から逃れるための車上生活」だったり、「家賃が払えなくなって家を失って車上生活」だったりする。

通常、そうなった場合は然るべき機関に相談に行って最適な処理をするのが普通なのだが、途方に暮れたまま何もしないで流されるように車上生活に追い込まれる人も存在するのだ。

＊

借金から逃げ、車上生活のあげく癌だった妻を車内で死なせ、保護責任者遺棄致死で逮捕された哀しい事件が一九九九年にあった。清水久典氏が起こした事件だった。

彼は知人の保証人になって四〇〇〇万円の借金を背負い、さらにバブル崩壊で工場の経営も悪化して人生を投げた。彼は自分を慕って離れようとしない十一歳年下の妻と共にワゴン車でひたすら日本を回り、九ヶ月にわたって車上生活をしていた。

清水久典氏は車上生活と大腸癌によって急激に弱っていく妻と片時も離れようとせず、最後に車の中で妻を看取る。その経緯と旅路は『死にゆく妻との旅路』という書籍で私たちは読むことができる。

カネもなく未来も失った一組の夫婦が、すぐにやってくる死を予感しながら車上生活を続ける姿は心が張り裂けそうな哀しみに満ちていた。この清水久典氏の哀しい手記は、二〇一一年には映画化もされている。

私たちはこれを「稀少《きしょう》な出来事」のように思っていたのだが、今の日本では必ずしも「稀《まれ》」とは言えなくなりつつある。経済的に追い込まれ、住所を失い、日本のどん底を這い回っている人たちがいる。

二〇一八年五月。新宿歌舞伎町のコインロッカーで赤ん坊が捨てられているのが発覚し、防犯カメラの映像からひとりの女性が逮捕されたことがあった。二十五歳の女性だったが、彼女もネットカフェに寝泊まりする女性だった。父親は誰だか分からない子供で、彼女はネットカフェの中で赤ん坊を産み落としていた。その赤ん坊を歌舞伎町の中にあるコインロッカーに捨てた。

すでにネットカフェ難民が忘れられて久しい。しかし、彼らは消えたわけではない。東京を代表する歓楽街である歌舞伎町には十数件ものネットカフェが林立しているのだが、どのネッ

所得金額階層別・世帯数相対度数分布（2017 年）

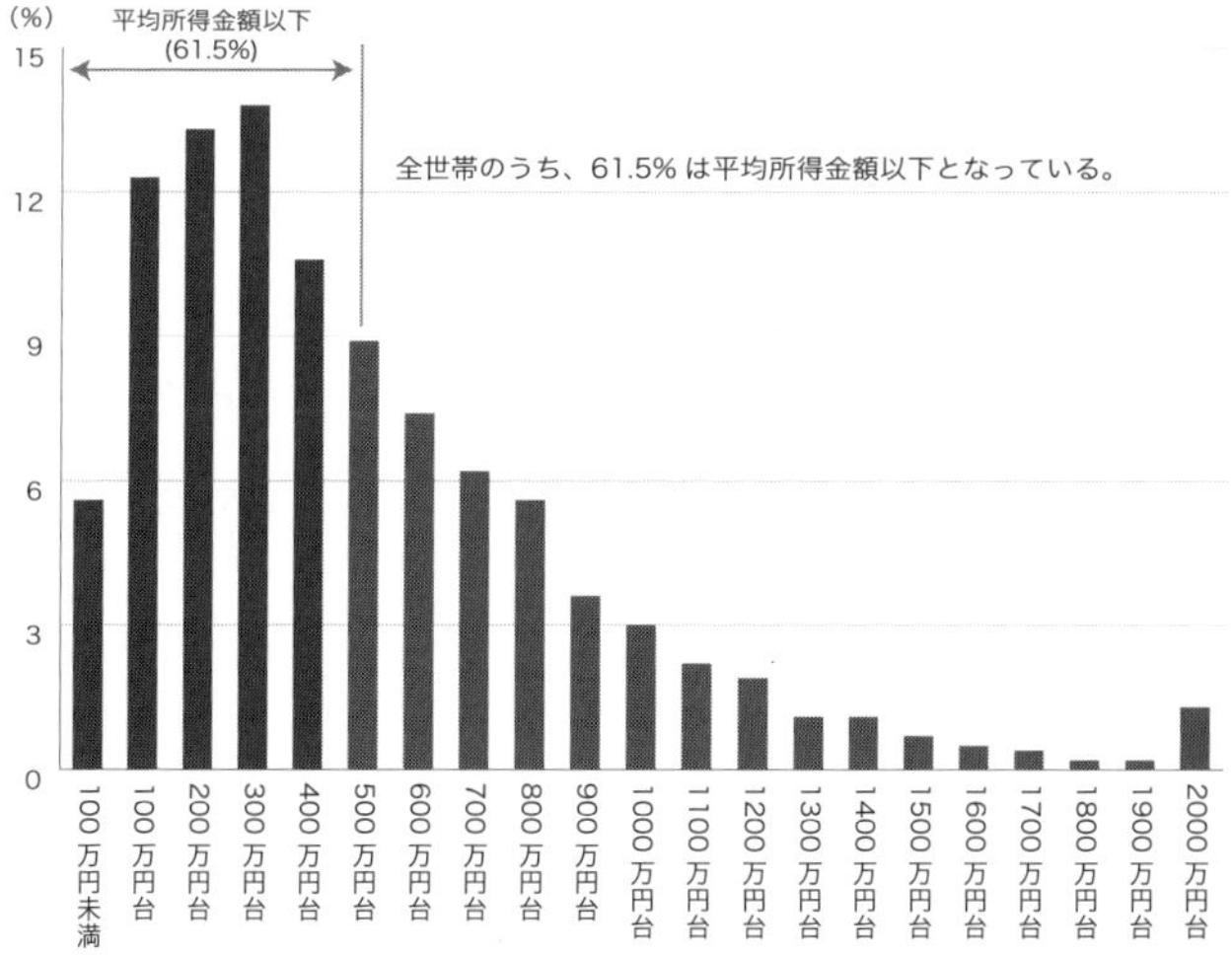

出所：厚生労働省　平成 29 年国民生活基礎調査の概況

トカフェにも、そこに「住み着いている人たち」が大勢いる。男性だけでなく女性も多い。そのため、女性専用のフロアを用意しているネットカフェも普通になった。彼女たちのことを「漂流女子」と言う人もいる。

＊

早朝、歌舞伎町をぼんやりと佇《たたず》んでいると、ネットカフェから出てきてキャリーバッグを二つほど引きずって疲れた足取りで人気《ひとけ》のない雑居ビルの入口に座り込み、暗い顔でスマートフォンの画面をのぞき込んでいる若い女性を見ることもある。

彼女たちも住所がない。仕事は日雇いの派

遣などが多いのだが、いつも仕事があるわけでもないので資金が乏しくなる。そのためネットカフェに二十四時間いることもできず、寝る時だけ入って目が覚めたらチェックアウトしている。そしてキャリーバッグを二つほど転がして、どうしたらいいのか思案しているのである。

こうした女性たちの一部は性風俗の店で働いているのだが、容姿や精神的な理由で性風俗からも弾《はじ》かれる女性もいる。そんな女性がラブホテルの林立する区域にある大久保公園の周囲に座り込んでいる。

そこまで経済的に追い込まれているのであれば、実家に戻ればいいという人もいるのだが、彼女たちの多くは実家と折り合いが悪くて家を捨てており、帰るべき家も助けてくれる家族もない。

住所を持たず、大都会のどん底《ボトム》を這い回っている。こうした女性を支援する行政の相談窓口もあれば、ＮＰＯ団体も存在するが、彼女たちがそこに助けを求めることはない。彼女たちは自ら孤立してさまようだけだ。今の日本ではネットカフェに泊まり込む人たちは約四〇〇〇人から五〇〇〇人も存在すると二〇一八年の東京都の実態調査で明らかになった。これは決して少ない数ではない。

しかし、本当のことを言えば、実態はもっと多いように見える。彼らは他にもカプセルホテル、サウナ、個室ビデオ、二十四時間営業の飲食店、派遣会社の社員寮、路上を転々としており、東京都がこれらの場所をもすべて調査したとは思えないからだ。
　ちなみに東京都はネットカフェの利用者のうち、そこに住み着いている人たちは全体の二五％になっていると述べている。

＊

　二〇一九年五月二十八日。神奈川県の川崎市登戸《のぼりと》でひとりの男が小学生の児童や保護者らを次々と刺すという通り魔事件が起きた。この事件の犯人は中年の「引きこもり」だったのだが、日本には推定二〇〇万人近い引きこもりがいることが報道された。

　この二〇〇万人近い引きこもりは親の家や資産で生きているのだが、貧困と格差が広がっていく今の日本では親もまた困窮し始めている。そこで起きているのが「八〇五〇問題」である。八十代の親が五十代の引きこもりの子供を抱えてどちらも共倒れする。親が子供を殺したり、子供が親を殺したり、親が死んだまま子供が数ケ月も何もしないで過ごしたり、八〇五〇問題から派生する悲惨な事件が次々と起きている。

ところで、この八〇五〇問題の行く末に待つものは何か。

引きこもりの子供が親の貯金を食い潰したら、最後に起きるのは「住所の喪失《そうしつ》」なのである。親が持ち家でなければ貯金が底をついて年金だけではどうしようもなくなった時、親も子も住所を失う。

行政とうまく連携して生活支援や生活保護が受けられる人もいるのだが、こうした問題を「人に相談するようなものではない」「自業自得《じごうじとく》」「不徳の致すところ」として一身に抱えて自滅していく。

このように俯瞰《ふかん》して見ると、今の日本で起きている「車上生活」「漂流女子」「八〇五〇問題」はそれぞれタイプは違うのだが、その根っこの部分ではつながっている、あるいはつながっていくことが見て取れるはずだ。日本の貧困と格差の問題は、いよいよ「住所喪失」の問題になっていくのだ。

＊

住所喪失が深刻なのは、現代社会のすべての行政サービスや社会システムは住所に紐付《ひもづ》いているからだ。住所がなければ行政サービスを受けることができない。住所がなければ企業のサービスを受けることもできない。住所がなければ就職することすらもできない。

住所を失えば、社会的には「存在しないも同然」の人間と化す。貧困の統計からも、その存在が消える。そして、いったん住所を失うと新しい住所を手に入れることが困難になる。なぜなら、新しい住所を手に入れるためには不動産の手続きの中で今の住所を記載する必要があったり、家賃保証会社の契約が必要だからだ。

家賃保証会社はボランティアでやっているわけではないので、きちんと家賃を支払ってくれそうにない人の保証をすることはない。現時点で住所を持たない人は、言うまでもなく信用が著《いちじる》しく欠如しているので契約が難しい。

そう考えると、この時代に生きる私たちはどんな困難に落ちても何が何でも守らなければならないのは、どんなに小さくてみすぼらしい場所でもいいから、「自分の住所を持ち続ける」ことを死守することだと分かる。住所を持つことによって、行政サービスが受けられ、きちんとした仕事を得ることができ、プライバシーと安心と安眠を得ることができるようになる。

住所がなくなると、そのすべてが吹き飛んでいく。住所がなければ通常の仕事を得るのは難しい。せいぜい日雇い労働くらいしか得られなくなる。その必要最小限の賃金では、そこから這《は》い上がることすらも難しくなってしまう。

日雇いは不安定な仕事だ。どんな長期契約でも二ヶ月がせいぜいだ。それ以上雇い続けると社会保険を支払う義務が発生するからだ。実態は二ヶ月も雇ってくれることはなく、せいぜい二週間である。

だから、いったん日雇いにまで落ちると、いくら長期で働きたいと思っても向こうから切り捨てられて、不安定な生活から抜け出せないアリ地獄となる。決まった住所を持つというのは、社会生活を送る人間として当たり前以前のことであると普通は考える。

しかし、「車上生活」や「漂流女子」や「八〇五〇問題」の存在を見ても分かる通り、その当たり前さえ維持できないほど不安定な状況に追い込まれている人が増えているのが今の社会の現状である。

第二章

子供を産み捨てる世界

数日こうした空間で寝泊まりしてもキツい

ネットカフェには取材のために何度も何度も泊まっている。あちこちのネットカフェに泊まったが、最近は完全個室のネットカフェがあったり、清潔感あふれる空間があったりする。もちろんそう言った場所ばかりではなく、店によって質は様々だ。

チェーン店でもフランチャイズの場合は名前だけ同じで、別の店なのかと思うほど統一感がなかったりする。値段も店によってそれぞれ違う。当然だが、個室だったり清潔感のある部屋だったりすると値段がどんどん高くなり、質が悪くなると値段が安くなる。

初めての店に行くと、ネットカフェの店員はこの店のシステムをいろいろと説明してくれる。この日、私の目の前に差し出されたメニューには、時間ごとに区切られた料金があった。

一時間、三時間、六時間、十二時間等があり、三時間では九〇〇円、六時間一七〇〇円、十二時間では二四〇〇円と書いている。また、昼間の料金と夜の料金があって、夜の料金の方が昼間よりも安くなっている。私は夜の六時間の料金でそこに泊まることにしたが一七〇〇円だった。

料金を払うと、時間と部屋番号が書かれたレシートをくれた。それを持って、自分で部屋に向かうシステムになっている。私が受付で対応を受けている間、何人かの利用者が階段から降りてきたり、地下から上がって来たりした。女性の姿も多かったが、すべての女性は明らかに水商売に関わっていると思われる格好をしていた。

私がこの日に泊まったネットカフェはロケーションが歌舞伎町にあったので、実はデリヘルの待機場として使っている店もあって、そうしたデリヘル店に所属している風俗嬢がそこにいたりする。

歌舞伎町は水商売の店が多いのだから、勢い客も水商売の女性が中心になるのかもしれない。そのせいか、以前に渋谷や下北沢で「視察」してみたネットカフェよりも華やかな印象がある。歌舞伎町にはネットカフェ（漫画喫茶）という形態の店がいくつもある。それぞれビジネスが成り立っているということは、それだけ利用者がたくさんいるということを意味する。

＊

受付で金を払ってレシートをもらった私は、指定された「部屋」に向かうが、階下は女性専用、階上は男女共用となっていた。二階に向かうと入口の華《はな》やかさは突然消えた。個室がびっしりと並んでいるのだが、電気も消されて安っぽいパーティションで仕切られた小部屋がびっしりと並んでいる。

それぞれの小部屋は個室になっているが、完全な「密室」ではない。パーティションの仕切りは二メートルほどの高さでしかなく、部屋の中をのぞこうと思えばのぞける。パーティションを仕切るドアもあるが、下部は二十センチほど空いていて利用者が脱いだ靴などがそこから見えている。

私の取った部屋もそのような形になっていた。部屋の中の空間は幅一・五メートル、奥行き二・五メートルほどで机とリクライニングチェアで空間が消えていた。リクライニングチェアはフラットにならない。閉塞感《へいそくかん》があったが、ここで「暮らす」人たちがいる。

二〇〇〇年あたりから非正規雇用を強いられた若者たちの貧困が恒常的になり、二〇〇五年あたりから格差の広がりが深刻化する中で、普通のアパートを借りることができなくなった若者たちが、ネットカフェや漫画喫茶に寝泊まりする姿が増えていった。

こうした住居を喪失した若者たちは二〇〇〇年代はまだ珍しくてマスコミにも大きく取り上げられたのだが、今となってはもう完全に忘れ去られた存在となっている。もう珍しい存在で

ネットカフェなどに寝泊まりする住居喪失者の住居喪失期間

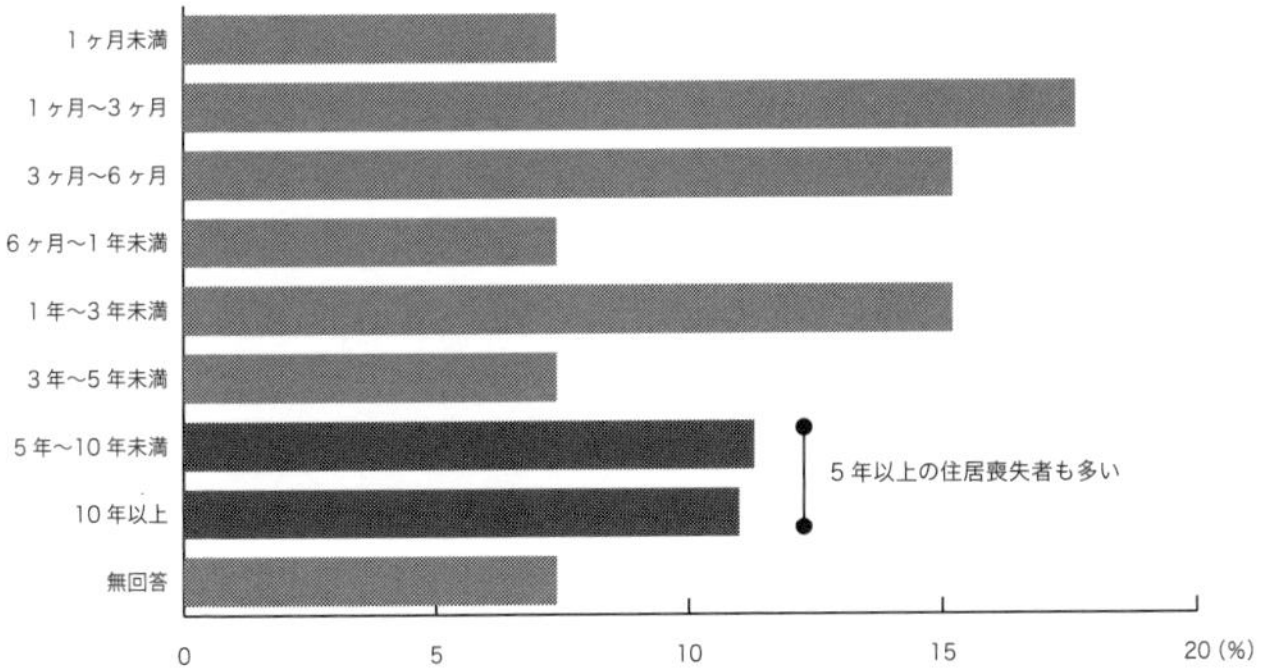

出所：東京都福祉保健局生活福祉部生活支援課
住居喪失不安定就労者等の実態に関する調査報告書（平成30年1月）

はなくなってしまっていて、報道する価値がなくなってしまったからでもある。

しかし、報道されないから消えたのではない。依然として彼らは存在しており、すでに社会の底辺に定着した。今ではネットカフェを泊まり歩いて日雇い労働をしている若者たちが社会の底辺を形成するようになっている。社会の底辺では、もう「住所がない」のが普通なのだ。

＊

私が泊まったネットカフェも、そこに住んでいる人たちの姿を大勢見かけた。なぜ住んでいると分かるのか。大きなスーツケースが二つほどドアの外に置かれていたり、靴が四足も五足も入口に置かれているからだ。

　ところで、ネットカフェの住民も二種類のタイプがいる。一日二十四時間ずっとそこにいる人たちと、カネを少しでも浮かせるために必要最小限しか店におらず、時間がきたらいったん退出して寝る頃になると再び戻ってくるというタイプだ。

　カネを浮かして出たり入ったりするタイプは、少しでもカネを浮かすためにネットカフェで寝る時間を三時間とか六時間にして、足りない分をマクドナルド等の二十四時間営業の店でコーヒー一杯で粘り、固いイスに座りながら睡眠を取る。

　しかし、完全に横になって眠れない上にプライバシーもなく、自分や隣の人の生活音が筒抜けだったり、タバコのニオイが入り込んできたり、部屋の中が不潔だったり、時にはダニがいたりするわけで、それがつらい生活であるというのは間違いない。

　ところで一七〇〇円で六時間ほど睡眠が取れるというが、一七〇〇〇円と言えば一ヶ月で五万一〇〇〇円である。それだけ出せるならば、ワンルームのアパートが借りられるほどの値段でもある。それは、もしかしたら小さく古いアパートかもしれない。駅から遠いかもしれない。しかし、それでもネットカフェをさまよっているよりはずっと人間らしい生活ができる。

　問題は保証人をどうするかという部分だが、最近は「保証人代行サービス」というものがあるし、そもそも最初から保証人不要の賃貸物件もある。最低限の「住」を確保できれば、仕事も日雇いではなく週給や月給のものにステップアップできるわけでどんどん楽になっていけるはずだ。

しかし、世の中はそんなにうまくいくわけでない。一度仕事探しにつまずくと、正規の仕事に就けなくなることが多い。その結果、不安定な仕事を渡り歩くことになり、「毎月五万円の家賃」でも大きな壁になる。

＊

社会のどん底《ボトム》にまで転がり落ちる理由は、人それぞれである。

たとえば家庭の事情で教育が受けられず、そのせいで満足な仕事を見つけることができず、結果的にどん底を這い回るしかない不幸な人もいる。高卒までは何とかなっても、中卒ではほとんど仕事が見つからない。そのため、中卒の半数以上は卒業しても無職である。彼らが親から切り離されると、低学歴であるが故《ゆえ》に仕事が見つからない。

あるいは虐待《ぎゃくたい》や極度の貧困の家庭に育ち、何も持たずにそこから逃れて放り出されるように社会に出た若者もいる。自分自身のルーズさや性格や運の悪さのせいでどん底に落ちてしまう人たちもいる。

企業は非正規雇用を増やし、生きるのに下手な人は「落ちやすい」時代になっているのだ。学歴に問題があったりすると、正社員で就職できる若者はどんどん減る。何とか正社員になっても今は終身雇用でも年功序列でもなくなっているわけで、定年までそこで面倒を見てもらえるというのは難しくなっている。

最後まで面倒をみてもらうどころか、途中で会社が消えてなくなる可能性すらもある。国はひたすら税金を引き上げ、生活保護も年金も医療費も社会福祉も静かに削減している途上にある。

おまけにＩＴ化とインターネットの普及で効率化・合理化が急激に進んで仕事が減っている。株式市場にアクセスできる富裕層の資産は増えているのだが、日本人で株式を保有できる人間はほんの三〇％ほどだ。

二〇二〇年は新型コロナウイルスによる極度の景気悪化に見舞われているので、これからは誰も先を予測できない「危険な時代」となっている。よほど注意して生きなければならない。そうした中で、運の悪い人たちからひとりひとり底辺に落ちていくことになる。そして、最後に行き着くのが「住居喪失」なのである。彼らを受け入れるのがネットカフェだ。

真夜中のネットカフェにはいろんな音がする。咳き込む隣の人の気配、すぐそばから聞こえるいびき、ひっきりなしに廊下を歩く誰かの足音、出たり入ったりを繰り返すトイレのドアの開閉音、そしてゴーッとうなるような換気の音、寝返りの音……。

個室だが密室ではなく、常に他人の気配があるような場所で安眠は難しい。どん底に落ちると、失われるのは「安心」と「安全」である。ネットカフェは終電を逃した人がそこで時間を過ごす程度の場所であり、決して「暮らす」場所ではないのだ。しかし、そこで「暮らす」人たちもいる。数日こうした空間で寝泊まりしてもキツい。しかし、社会のどん底《ボトム》に落ちて這い上がれない人の中には、すでに何十年もさまよっている人たちも存在するのだ。

そして「もう、どうでもよくなった」と放火する男性が出てきたり、「私もいつ発狂して同じことするか分からない」とつぶやく女性が出てきたりするのだ。精神がやがて荒廃していったとしても不思議ではない。

漫画喫茶で子供を産み捨てる

社会のどん底《ボトム》に落ち、住所を失い、ネットカフェのようなところで暮らし始めると、やがて精神がすさんでいく。この精神の荒廃は、いろんな事件を引き起こす。

二〇一八年五月二十九日午後二時頃、東京都新宿区歌舞伎町のど真ん中にあるコインロッカーで異臭がすると一一〇番通報があった。警察が調べたところ、コインロッカーの中にはスーツケースが入っており、それを開けるとポリ袋に入れられた乳児の遺体が入っていた。

歌舞伎町はあちこちに監視カメラが設置されている。警視庁は「歌舞伎町地区に、ドームカメラ四十六台、固定カメラ九台の計五十五台を設置しています。各カメラが撮影した映像は、新宿警察署及び警視庁本部に送られています」と述べている。

これは石原都知事時代に予算三億二〇〇〇万円をかけて設置されたものだ。ドームカメラは二十二倍のズームレンズが付いており、カメラの方向やズームの倍率は自由自在にコントロールできる。

さらに、この他にもそれぞれのビルが防犯のために防犯カメラを設置しており、そのようなものを合わせると四〇〇台近いカメラが作動している。こうしたことから「歌舞伎町には死角がない」とよく言われる。

おまけに歌舞伎町は四六時中、警察官が見回りをしており、さらにパトカーも数台が常に巡回している。歌舞伎町では何かおかしな行動をしている人間はすべて警察に把握されていると言っても過言ではない。

コインロッカーに赤ん坊を捨てた女性もまたそこに映っていた。しばらくして彼女は逮捕された。彼女は住所不定、無職の女性で、名前は戸川万緒《とがわまお》と言った。彼女は漫画喫茶の個室で赤ん坊を産み落とし、声が出たのでばれると思って赤ん坊の首をタオルで締めて、殺して、捨てていた。

＊

歌舞伎町や職安通りは、ネットカフェや漫画喫茶が林立している。そこに一ヶ月以上住み込む人たちには特別割引もあって、あるショップではすでに「住民」の半数は女性になっているところも珍しくない。女性専用のフロアを用意しているネットカフェすらもある。それぞれの店が「満室」になっている。

戸川万緒もそうしたところに潜《もぐ》り込み、風俗や売春で暮らしていた女性だった。若い女性のホームレスは「見かけない」と言われるが、若い女性はホームレスに落ちるギリギリのところで踏みとどまっている。

彼女のようにネットカフェで住み込む貧困女性は、もう異常なことではない。彼女たちの存在はごくごく一般的な日常と化してしまい、もう誰もそれを騒がない。ネットカフェと言えば、その多くが一畳か一畳半ほどの空間しかないわけで、そんなところに「その日暮らし」をしている女性がいるのが日本のどん底《ボトム》なのである。

気がつくと、新宿歌舞伎町はネットカフェだらけになっていた。パウダールームからシャワールームまであって、もはや現代の「ドヤ」である。ここに、昼間は大久保公園で時間を潰しながら売春ビジネスをしている女性たちもいる。

「働けなければ風俗で働けばいい」とよく言われる。しかし、風俗ですらも働けない女性も増えている。風俗で働くことを望む「普通の女性」が増えているせいで供給過多になっている。

その結果、風俗店は女性を選べる状態となり、コミュニケーションがうまく取れない女性や、容姿が劣る女性、太った女性、あるいは年齢が行ってしまった女性は、面接しても落とされる

賃金格差・平成30年賃金構造基本統計調査の概況

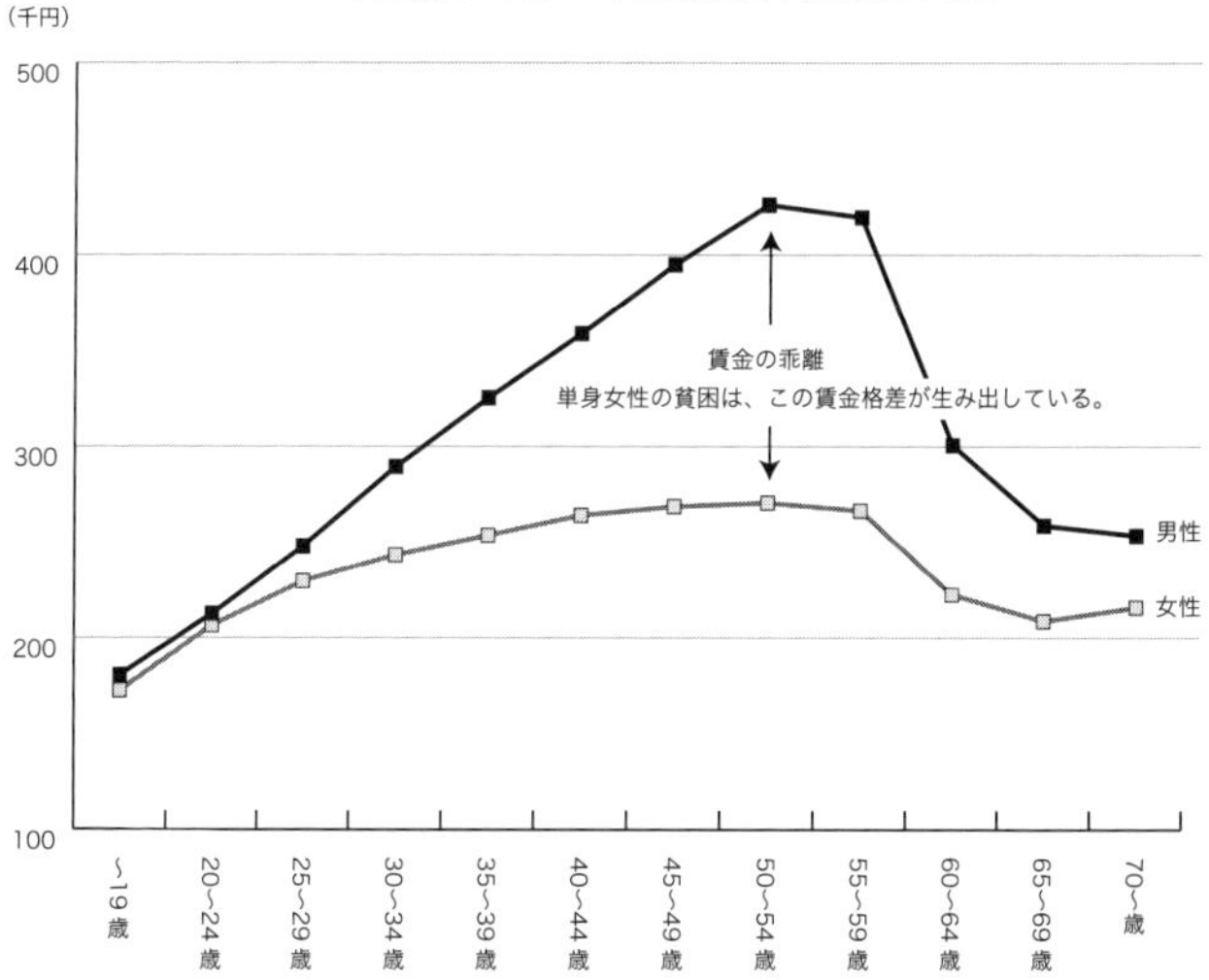

出所：厚生労働省
平成30年賃金構造基本統計調査の概況

ようになっていた。

もちろん、それぞれの特徴を生かした風俗もあるので、太っている女性でもそれ専門の風俗で受かったり、年を取っている女性も人妻専門店で働いたり、いろいろ方法はある。普通では働けない容姿の女性を雇っている風俗店もある。たとえば、地雷専門店『デッドボール』はそんな風俗店の代表だ。同じコンセプトで大阪には『トリプルレッドカード』という店もある。

しかし普通の風俗では、もう「容姿やコミュニケーション能力が欠けている」女性が、面接に行けば絶対に受かるという状況ではなくなっている。

何とか風俗店に潜り込んだとしても、稼げる女性と稼げない女性が二極分化してしまって、風俗にいながら十万円も稼げない女性も出てきている。身体を売って月に十万円も稼げないというのは、どういう状況なのかといぶかってしまう人もいるかもしれない。しかし、客も「選ぶ権利」がある以上、他の女性と比較されると、どうしても劣る女性が坊主（客がまったくつかない状態）になっても仕方がない。

だから、風俗に勤められたとしても、そこでもうまくいかなくて十万円も稼げずに四苦八苦し、ネットカフェで明日も知れない不安な生活を強いられる女性が出てきているのが現状だ。

今まで、女性たちの仕事は事務職が多かった。しかし事務職というのは、今後は消えていく職業でもある。コンピュータ化、インターネット化、自動化、クラウド化・テレワーク化が進んでいくと、すべての情報が最初からデジタルと化して事務職のやっていた仕事が消滅するからだ。

事務職どころか、もはや中間管理職ですらも用済みとなっている時代であり、女性の仕事は消えて行くばかりである。そこに非正規労働の働き方が当たり前になって、さらに女性特有の低賃金の問題も相変わらず解消できていない。つまり、今の若い女性は、「仕事がない」「あっても非正規」「賃金も安い」という三重苦の状況下に置かれている。

さらに、同年代の男たちもまた同じように非正規の仕事しか見つからなくなっており、彼らも結婚できるような状況ではなくなってしまった。

女性はもう「結婚する」という道すらも非常に難しいものになってしまっているのだ。私が知り合った風俗の女性は「結婚はもう贅沢品だから」と言ったこともある。つまり、「それは手に入らない」ということだった。

生活保護を受ければいいと言っても、「働ける年齢」「五体満足」の人間が生活保護を受けるというのはとても大変なことであり、ほとんど門前払いのような状況で追い返される。社会に見捨てられているというのは、このような境遇に追い込まれた女性であると言える。

＊

ちなみに、こういった境遇の女性の中には大学卒、短大卒の、本来であれば高学歴で仕事が見つかりやすい女性もいる。しかし最も多いのは、やはり高校卒業か高校中退と言った学歴にハンディがある女性たちだ。学歴が高い順番に雇われるので、学歴の低い女性に順番が回ってこない。

こうした女性たちは「出会い系の売春ビジネス」に所属していることも多い。しかし、この「出会い系」というのは非常に「割の合わない」ビジネスだ。

せっかく約束を取りつけて待ち合わせの場所に行っても、容姿を見られて逃げられたり、最初から姿を現さなかったりする。あるいは足元を見られて値切られたり、セックスが終わった後に逃げられたり、払われなかったり、散々な目に遭う。出会い系は、殺伐《さつばつ》とした出会いが待っている世界だ。

出会い系で幸せな出会いができる女性も存在する。しかし、ネットカフェに身を寄せる女性は、その多くが幸せな運命を持ち合わせていない。むしろ、社会のひずみをまともに食らって転がり落ちるような不運な運命の中にある。

そうやって、出会い系でもがけばもがくほど心も身体も壊れていく。出会い系でも貧困を脱する手段となり得ない状況に陥ってしまっている。

本来であれば、そこまで追い詰められたのであれば、実家に戻るべきなのだが、戻るべき実家がないのが彼女たちの特徴でもある。親が離婚してどちらの親にも頼れなかったり、実家自体が食べていけないような状態であったり、家族間の関係が壊れていたりすると、実家に頼るということも難しい。

戸川万緒という女性は、そうやって「見捨てられて」生きてきた女性の象徴でもある。社会のどん底の中のどん底に落ちていて、望まない妊娠から望まない出産に向かい、そして産んだばかりの赤ん坊の首を締めて殺してコインロッカーに捨てるという事件で逮捕された。いかに荒んだ精神状態にあったのかが見えるはずだ。

人生の展望を見出せなくてネットカフェを放火して、警察官に「もうどうでもよくなってやった」と言った四十歳の男性と同じ自暴自棄が垣間《かいま》見える。

子供産み捨てが社会のどん底で起きている

貧困が社会を覆《おお》い尽くしていくときは、誰かが「今から貧困が広がります」とアナウンスしてくれるわけではない。それは社会の末端から静かに広がっていく。しかも、その広がり方は「まだら」なので、最初のうちは個人の自己責任にされる。

たとえば、二〇〇〇年代はどうだったのか。

貧困に落ちるのは低学歴の若者が最初だ。彼らは社会の「末端」だからである。中学卒業（高校中退を含む）や高校卒業の若者には、今の日本では実質的に高度で高所得の仕事がなかなか就けない。正規の仕事が見つけにくい。

その結果、非正規雇用となって低所得を余儀なくされ、彼らの多くは貧困に落ちていくことになる。しかし、それは「大学に行かなかった彼らが自分で自分の首を絞めているのだ」と思われて、貧困に落ちても自己責任にされていた。

次に、大学を卒業しても職のない若者が増えていくが、それも大学で遊び惚《ほう》けていたから悪いと自己責任にされた。ちゃんとした仕事を手にできなかった者も、本人の努力が足りなかったせいだと言われた。しかし、脱落していく若年層が増えれば増えるほど、自己責任論では説明できない何かが起きていることが分かってくる。

日本は二〇〇〇年代から非正規雇用で雇われる若年層が莫大に増えて「格差」問題があることが明らかになったのだが、中高年や高齢者の多くはどうして若者が貧困に落ちているのかを理解できず「しっかり真面目に働いていないからだ」と決めつけた。「汗水垂らして働けば暮らしていけるはずだ」と思っていたのである。

しかし、非正規雇用ではどんなに働いても低賃金のままであり、会社の都合で雇い止めはしばしば起きることが二〇〇〇年代の後半からようやく見えてくるようになった。ブラック企業のように労働基準法を無視した過重残業で若者を使い潰して捨てるような実態も明らかになっ

人工妊娠中絶件数（2018年）

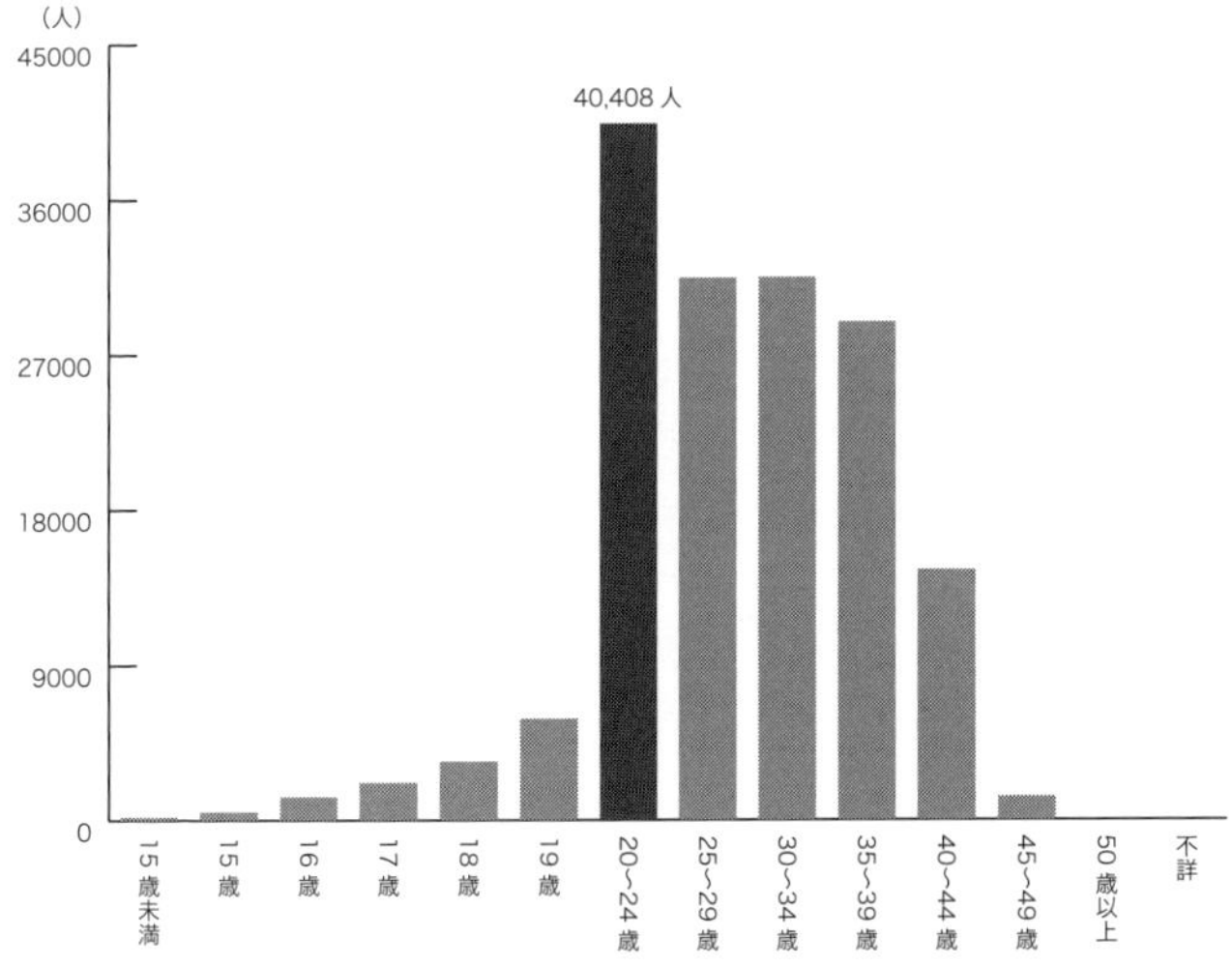

出所：厚生労働省　衛生行政報告例

てきた。そうやって、やっと人々は「個人ではなく社会が悪かったのか」と気が付いた。

しかし、そのときはもう手遅れだった。

＊

低所得の若者たちは働いても働いても報われず、次第にどん底《ボトム》に落ちてしまった若者たちの一部は住所すらも失ってネットカフェなどに寝泊まりするようなところにまで落ちていった。若い女性も例外ではなく、ネットカフェや漫画喫茶でしか生活できない状況になった。

二〇〇六年頃、いったい日本の社会で何

が起きているのかと、私もいくつかのネットカフェを回っていた。私は漫画も興味がなくインターネットも自宅のパソコンで見られたので今まで一度もこうしたところに行ったことがなかった。

初めて足を踏み入れたのは下北沢のネットカフェだったが、狭い半個室のようなところに女性がキャリーバッグを置いて住み着いているような異様な光景がそこにあった。それを見て「これが日本のどん底《ボトム・オブ・ジャパン》で起きていることなのか」と驚いた。

考えさせられたこともあった。こうしたところにいるのは若者ばかりだと思ったのが、三十代らしき女性もかなりいたことである。追い込まれているのは二十代前半の若い女性だけではなく、二十代後半から三十代の女性も同じなのだと気が付いた。そして、新聞にはちらほらと奇妙な事件も報道されるようになっていた。

それが「子供の産み捨て」事件だった。

子供の産み捨ては、はるか昔から延々と繰り返されてきた。戦後、日本が急速に豊かになるにつれて、子供を産み捨てる事件は減っていった。一九九〇年に入ってからは、まさに激減と言ってもいいほどの数でもある。

しかし、バブル崩壊で日本人は急激に資産縮小と就職氷河期で苦しむようになり、二〇〇〇年以後は非正規雇用者の激増で低所得層が増えていくようになっていった。その結果、日本が豊かになってから激減したはずの「子供の産み捨て」「嬰児《えいじ》殺し」が、再び見えてくるようになったのだ。兆候はやはり、社会のどん底で広がっていた。誰も注目しなかっただけだ。

＊

たとえば、二〇〇六年二月十二日、東京都江東区亀戸《かめいど》の漫画喫茶「まんがランド」で、女子トイレにヘソの緒《お》が付いたままの嬰児が捨てられている事件があった。この嬰児は箱に詰められ、さらにゴミ箱の底に置かれていた。母親は子供をそこで産んで、殺して、隠蔽して捨てたのだった。

二〇〇八年九月二十九日には、横浜駅でまったく同じ事件があった。無職でネットカフェを転々としながら生きている女性がトイレで子供を産み落とし、ビニールに子供を入れて捨てていた。母親は当日逮捕されているが三十歳で無職だった。

二〇一一年はリーマンショックの打撃から回復していない上に東日本大震災で日本が危機に落ちていた時代だ。この年の十月十八日には、生まれたばかりの赤ん坊を、金属のバケツに入れて、セメントを流し込んで殺していた事件が起きていた。元保育士の無職の女性が起こした事件だった。

二〇一二年八月四日には、静岡県のＪＲ焼津《やいづ》駅南口の女子トイレで、刺し殺された赤ん坊の遺体が見つかったが、母親は二十三歳のアルバイトの女性だった。二〇一三年七月二十一日、神戸市中央区の駐車場に隣接するコインロッカーで生後間もない嬰児がポリ袋に捨てられている事件があった。逮捕されたのは、二十九歳の女性だった。彼女は住所がなく、やはり漫画喫茶で、独力で出産していたのだった。コインロッカー・ベイビーの事件を覚えている人もいるかもしれない。今でも、コインロッカーは「子供の捨て場所」になっていたのだ。

二〇〇五年頃、私は日本でも頻繁に東京・横浜・大阪・名古屋を繰り返し新幹線で行き来していた。それぞれの場所をタクシーで通り過ぎたりするのだが、そうすると嫌でも街の光景が徐々に変わってきていることに気づかざるを得なかった。

日本の中枢である東京ですら、肉体労働者がバブル期によく見た外国人労働者ではなく日本人の若者に取って代わられ、駅前で座り込んでいたり、寝込んでいたりする若者の姿が目につくようになっていたのだ。若者の生活の崩壊が見て取れた。

やがて新聞には、ニート・フリーターの増加、派遣切り、ネットカフェ難民、ホームレスの記事が毎日のように並ぶようになっていったのがこの時代だった。こういった中で、女性もまた一緒に追い込まれているのは明らかだった。

＊

女性は、シングルであっても苦しいが、シングルマザーになるとさらに追い込まれてしまう。結婚しても三組に一組が離婚する時代であり、結婚に安定がないことを悟った女性は結婚を避けるようになっていった。三十歳で子供を産まない女性が五〇パーセントを超えているという少子化の問題にも日本は苦しんでいる。産み棄てて逃げる女性と、産まない女性の問題の根はつながっている。それは言うまでもなく「貧困」である。

データを紐解いてみると、一九九〇年から少子化の傾向は顕著になってきているが、なぜ一九九〇年だったのか。やはりバブル崩壊が大きな要因となっていた。日本は経済の絶頂期の転落と共に、出生率を低下させていた。

一九六六年（昭和四十一年）は「ひのえうま」で子どもを産むのを躊躇《ちゅうちょ》した日本人が多かったのだが、一九八九年はその年よりも出生率が下がっていた。そして、日本はそれから出生率の低下傾向が現在まで続いてまったく回復の見込みがない。

少子化は「今の社会では子どもを産み育てるなんて無理だ」という夫婦の思考がそうさせているのであり、それは経済問題がもっとも大きな割合を占めている。産んでも育てられるかどうか分からないので、最初から産まない。

間違えて産まれても、産み捨てる……。

結婚しても子供を産まない夫婦は増えて来ているし、経済問題から結婚「できない」若い女性も増えている。離婚も増えているので、シングルマザーも増えている。すべてが貧困が根底にある。そして、仕事を失い、住居を失い、子供を産み捨てる女性も止まらない。

日本では熊本市の慈恵《じけい》病院が「赤ちゃんポスト」を設置しているが、十年間で全国から一三〇件の預け入れがあった。相談は十年間で二万件以上である。それだけの人々が「赤ん坊を育てられない」として「捨てる」ことを考えているのだ。

日本は少子高齢化に苦しむ国になっているのだが、一方で暗い闇の事実もある。それは人工妊娠中絶の件数は年間で約十七万件ほどあるということだ。「生命を大切にする」はずの日本で、多くの生命が生まれる前から消されている。

第二章
ワーキングプアと家賃

社会の底辺で増えていく家賃滞納

衣食住の中で、最も調整が利《き》かないのは「住」である。つまり、経済的にピンチになった時、着るものや食べるものは我慢することで調整できるのだが、家賃だけは自分の意志では調整できない。

そのため、分不相応に過大な家賃のところに住んでいたり、過大な住宅ローンを組んでいたりすると、生活が破綻すると同時に「住」も失ってしまう。

カネを失った上に、住むところも失う。それは、人生のどん底《ボトム》になるというのは誰しもが思うはずだ。そうであれば、そうなるケースはほとんどないのかと言えば、まったくそうではない。

二〇一七年の日本賃貸住宅管理協会『賃貸住宅市場景況感調査』によると、全国平均で約八・二％程度の滞納が起きていることが統計から浮かび上がってきている。これは、約十二戸に一戸の割合で滞納が起きているということになる。十二世帯が入っているマンションであると、そのうちの一世帯は家賃の支払いに問題が発生しているということになる。

＊

今後、家賃滞納は間違いなく増える。一九九〇年代のバブル崩壊から長く続く出口のないデフレ経済、段階的に引き上げられている消費税、そして二〇二〇年に全世界を阿鼻叫喚《あびきょうかん》の地獄に突き落とした新型コロナウイルス。

すべてが爆発的に貧困層（アンダークラス）を増やす要因である。貧困が極まると家賃の支払いも難しくなる。こうしたアンダークラスは些細なことで経済的に追い込まれる。些細なこと、というのは比喩ではない。それこそ風邪をひいて三日でも寝込めば、それだけで家賃滞納から路頭に迷うところまで一気に追い込まれてしまうのだ。

「インフルエンザにかかった」「ちょっとした怪我をした」というものから、「長雨で仕事がストップした」とか、「長い連休が続いて日給が手に入らなくなって首が絞まった」というものまで、アンダークラスを追い込む「些細なこと」はいくらでもある。

アンダークラスが増えていったのは、バブル崩壊以後に超就職氷河期で若年層が追い込まれたまま中高年に入っていったということもある。それと同時に少子高齢化も年々深刻化していき、この高齢者がどんどん貧困化しているからである。高齢層が追い込まれているというのは、生活保護受給者の半分以上は高齢層であるのを見ても一目瞭然だ。

さらに三組に一組が離婚するのが当たり前になった社会の中で、子供を抱えて困窮するシングルマザーも存在する。シングルマザーの二組に一組は貧困である。シングルマザーでなくても、単身女性の貧困は日本では珍しくも何ともない。

ここ数年、私はずっと日本のアンダーグラウンドで風俗や売春に落ちた女性たちを追っているが、本当に女性の貧困は日本のどん底で放置されているように思える。

シングルマザーの風俗嬢、妊娠して臨月になっても性サービスをしている風俗嬢、住宅ローンを返すために働いている主婦風俗嬢、ネットカフェ住まいの風俗嬢……と次々と貧困が起因でセックス産業に入った女性たちに数多く会ってきた。今も継続してこうした女性と会い続けている。

＊

家賃というのは、だいたいいくらが妥当なのだろうか。かつて「家賃は月収の三分の一程度まで」と言われていた時代があった。月収が三十万円程度の人の家賃は十万円程度、月収が二十万円の人の家賃は六万七〇〇〇円程度までに抑えるのが良いという意味だ。

ところが、今は家賃を月収の四分の一程度にしておかなければ危険な時代に入っていると著書『家賃滞納という貧困』を書いた太田垣章子氏は指摘している。

コンビニや自販機の利用で便利さを買うのは明らかに費用がかさみ、さらにスマホ代金などを含め「私たちの生活は以前より確実におカネがかかるスタイルに変化している」というのが太田垣章子氏の指摘である。

家賃は月収の三分の一程度と言っていると、蓄えがなければあっと言う間に『家賃滞納という貧困』に陥ってしまう。では、その蓄えはどうなのかというと、非常に心もとないのが現状だ。

二〇一九年三月六日。ＳＭＢＣコンシューマーファイナンスは、三十代から四十代の世代で「現在の貯金額がゼロ」と答えた人が二三・一％となったことを報告している。

この二三・一％の「無貯金」の人は、たったの一ヶ月でも月収に問題が発生した場合、すぐにでも家賃滞納に直結してしまうということになる。つまり住所を失ってしまう危機に陥るのだ。

家賃を一ヶ月落としても、すぐに「出て行け」という話にはならないのだが、翌月は二ヶ月分を支払わなければならないので、より不確実性は高まる。この二ヶ月が払えないと次の家賃の支払いは三ヶ月分ということだ。

しかし、一ヶ月分をも支払えない状況に陥っている人が三ヶ月分の家賃を返せるアテが見つかるかと言えばなかなか難しいのではないか。家賃滞納は法的には三ヶ月までが限度である。

＊

二〇一八年十一月二十九日。大阪市西成区で四十三歳の男が逮捕されている。この男は「路上で強盗に襲われてカネを奪われた」と警察に通報して、大家には「そのせいで家賃が払えない」と説明していたのだが、これが嘘の強盗被害だった。

「強盗に遭ったと言えば大家が同情して家賃の支払いを待ってくれる」と考えて、嘘の強盗被害をでっち上げて警察に被害届を出していたのだった。供述が曖昧《あいまい》だったので、警察が追及したところ、嘘であることを認めた。住所を失いたくなかったが、男は結局住所を失った。

二〇一六年十月七日、加藤未香という二十四歳の女性が家賃を四ヶ月も滞納した挙げ句「仕事もなく、生きていくことがもう嫌になった」という理由で、家賃催促《さいそく》にきた大家を刺し殺して逮捕されるという事件があった。

支払督促の新受事件数（全国）
（家賃滞納のために支払督促された事件数）

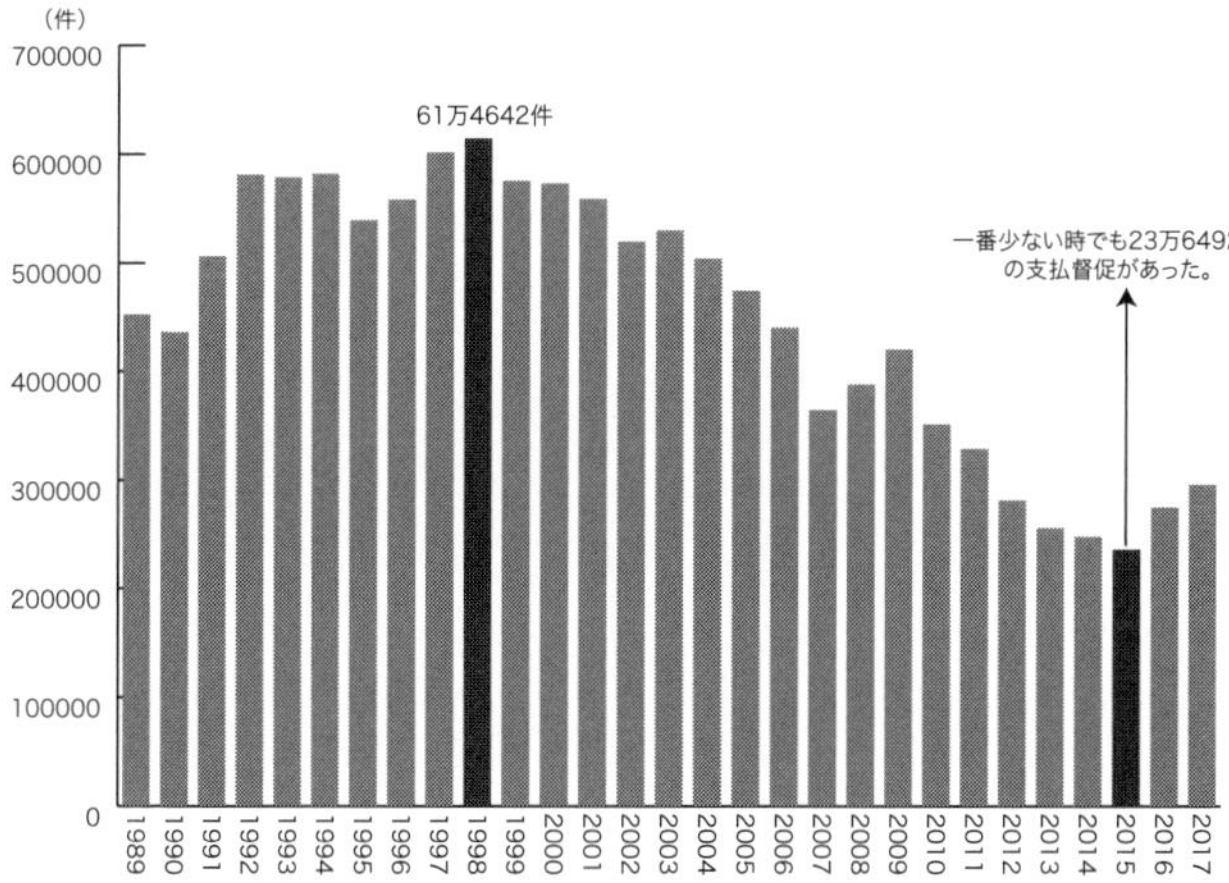

出所：司法統計

二十四歳の女性が包丁で大家を刺し殺すのだから、尋常ではない精神状態に追い込まれていたと推測される。

収入もなく、貯金もない人間が四ヶ月も家賃を滞納したら、もう返すことはできない。そして、強制退去されれば新しい住処に入ることもできなくなる。追い出されるその日が人生の終わりだと彼女は思いつめてしまったのは無理もない。大家も家賃収入が入らなければ他人に部屋を貸している義理はない。回収するのに必死だったはずだ。

＊

最近は多くが不動産を生業とする管理会社が

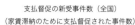

間に入っているので家賃滞納が起きた場合、その取り立ては管理会社が行うことになる。

家賃を滞納すると、すぐに管理会社から迅速に支払うように電話が入る。多くの滞納者は電話があると驚いてしまって、たとえ金がなくても必死になって金を掻き集めて支払う。

しかし、ない袖は振れない人もいるわけで「近いうちに支払います」と言いながら支払わない人も出てくる。そうすると、内容証明郵便で「契約解除予告状」というものが届き、数ヶ月のうちに契約解除に至る。

その合間に、連帯保証人に連絡がいき、家賃の請求を連帯保証人にするケースも出てくるのだが、そうなったときは連帯保証人も寝耳に水であり、家賃の支払いを渋るケースが多い。

連帯保証人は、実際には法的に支払う義務があるのだが、現実はそれほどすんなりといかない。最近では連帯保証人を家賃保証会社が行うこともあるのだが、家賃保証会社の場合は、当事者が一ヶ月でも滞納すると、一瞬にして部屋の退去を求められる。

契約解除に至るとどうなるのか。部屋の鍵を勝手に変えてしまう管理会社もあれば、不在時に勝手に所持品を撤去してしまう荒っぽい管理会社もある。

＊

池袋北口のラブホテル街を抜けた向こうに、アパートが密集した地区がある。以前、そこを歩いていた時、あるアパートの前に寝具から家具から家電まで、一切合切を放り出されていた光景を見たことがある。

家賃滞納で部屋の中のものを、何もかも放り出されたらしいのはおおよそ想像が付いた。こうしたやり方は違法なのだが、違法などと言っていられない事情が大家にもある。家賃を滞納する側も、住居を失うというのは死活問題なのだが、同時に大家の方も家賃を滞納されたまま住まれるのは死活問題である。

なぜなら、ほとんどの大家は借金をして不動産を所有しており、家賃収入をそのまま借金の返済に回しているからだ。家賃滞納が起きると、自分が銀行に絞められる。そのため、大家は自分の資産を守るために、何が何でも「強制退去」させようと必死になる。そのために何度も家賃の督促を行い、内容証明郵便で証拠を取る。そして、三ヶ月で裁判を起こし、六ヶ月以内には強制退去を完了させる。

多くの滞納者は勘違いしているのだが、強制退去されたら「無一文」で放り出されるのではない。莫大な損害賠償を請求されて放り出されるのだ。今まで滞納した家賃の請求はもちろん、退去費用も、裁判費用も、違約金も、遅延損害金も、損害賠償金も、ありとあらゆるものを乗せられて請求される。

カネがないから放り出されるのだが、返さなければならない借金を背負わされて放り出されるのだから、困窮して住居を失う人が「これで人生が終わった」と考えるのは無理もない。

＊

損害賠償は「裁判命令」である。そこから逃れられない。さらにブラックリストにも載せられて就職にも困難をきたす。いったん金がなくなると、すべてを奪われた上に、将来の稼ぎも奪われることになる。その前に、次の住処《すみか》が見つからない。

大家が家賃の回収よりも強制退去の方を望むのはなぜか。それは、金を滞納する人間は「滞納癖」があると経験則で知っているからだ。

滞納しない人間は十年でも二十年でも同じところに住み続けても一回も滞納することはない。しかし、滞納癖のある人間は、頻繁に家賃の遅延を起こし、滞納し、いったん支払ってもまた気が付けば滞納を繰り返す。

だから一度でも滞納が起きると、大家は家賃を回収するよりも、もっと信頼できる人に貸したいと合理的に考える。次もきちんと払ってもらえるのかどうか分からないというのは、銀行に借金を持っている人間にとっても眠れない事態だ。家賃を滞納している側だけでなく、滞納されている側もまた眠れないのである。だから家賃の滞納が起きると強制退去させる方向に向かい、困窮した人は住居を失ってより困窮してしまう。

住んでいる場所を失うというのは、受けられるべき行政の保護からも弾き飛ばされるということになる。生活保護も住居がないと受けられない。

仕事も住居がなければ見つからないことの方が多い。カードどころか、銀行口座も、郵便局の口座も、住所がなければ作れない。さらに携帯電話も住所がなければ手に入らない。住所を失った時点で、すべてを失う。住所を失うというのは、単に寝る場所を失うだけでなく、社会から抹殺されるも同然なのだ。

ホームレスではないが限りなく近いギリギリ

住居がなければ安心が得られない。安心してくつろぎ、安心して眠ることができない。明日がどうなるのか、仕事が見つかるのか、食べていけるのかと悩みながら、社会の裏側を漂流しながら生きるのは誰にとっても大きなストレスである。

しかし、家賃を滞納していき場所がなくなったら、社会のどん底を漂流して生きるしかなくなる。すでに日本のどん底《ボトム・オブ・ジャパン》にいる人々は、住所さえも持てないような貧困に追いやられてしまっているのだ。

そんなストレスが果てしなく長く続いて「一生このままかもしれない」と思い始めると、気持ちは徐々に鬱屈《うっくつ》して荒んでいく。自暴自棄に落ちていく。そして、何もかもどうでもよくなっていく。

貧困がもたらすのは自暴自棄である。そして、貧困が生み出したこの自暴自棄こそが、いろんな意味で危険な感情を呼び起こす。

日本はバブルが崩壊した一九九〇年代から底辺で貧困に落ちる人々が増え始め、自殺も三万人超えが普通になっていた。しかし、一九九〇年代は「まだ日本は経済大国である」という自負もあったせいか、ほとんどの人は底辺の異常に気付かなかった。この頃、「貧困」は日本人の意識外だったのだ。

その忘れられていた「貧困」が意識されるようになっていったのは二〇〇〇年以降だが、ちょうどこの頃から製造業でも非正規雇用が取り入れられて拡大していき、若年層の貧困が目立つようになっていた。正社員になれない人間が増えていき、ニートやフリーターが顕在化して社会に認識されるようになった。格差も拡大していた。これで、やっと日本人は社会のどん底で貧困がじわじわと広がっているのを知った。

この若年層の貧困が、日本人全体の貧困になっていったのは二〇〇八年以降だ。その二〇〇八年には、世界経済を揺るがす経済事件も起きて日本を巻き込んでいた。何が起きたのか。リーマン・ショックである。

これによって世界経済は一気に不況に突入し、日本でも輸出が急激に減少し、企業は非正規雇用者の解雇と雇い止めと正社員のリストラを始めるようになった。

＊

日本の貧困化をさらに悪化させたのは、二〇〇九年から始まった民主党政権だった。民主党政権は日本の輸出企業を苦境に追いやる円高を放置し続けた。円高を放置することによって、日本経済を破滅に追いやろうとしているかのように何もしなかった。日本企業は苦しみ抜いた。

それ以降、日本企業は工場を中国や東南アジアに移動させて、日本人を徹底的に切り捨てる生き残り策に出た。また円高で競争力を失ったので、企業を縮小させるためにも正社員をリストラし続けた。民主党政権が放置していた円高によって、日本から雇用が消えて行き、リストラが増え、その結果として日本人がどんどん貧困化していくことになった。

二〇〇八年十月一日、大阪府大阪市浪速区でひとりの男が「個室ビデオ店・キャッツなんば」を放火するという事件があった。十五人が死亡して、十人が重軽傷を負った。犯人の小川和弘は二〇一四年三月六日、死刑が確定している。

この事件は、ひとりの人間が起こした事件で出した犠牲者が戦後最も多かったので、その部分がクローズアップされていた。しかし、この事件の本質は犠牲者数ではなく、犯人と犠牲者の境遇の方だった。

小川和弘はパナソニックの元社員だったが、リストラされて人生が変転していった男だった。さらに、小川の放火によって死んだ男たちも、その犠牲者の多くは「住所不定」「身元不明」の人間たち、実質的にホームレス寸前になっていた男たちだったのである。

この頃はすでにネットカフェなどに寝泊まりしている若年層が大勢いるということは知られていた。中高年はいなかったのか。いたのだ。ネットカフェではなく、個室ビデオ店にいた。

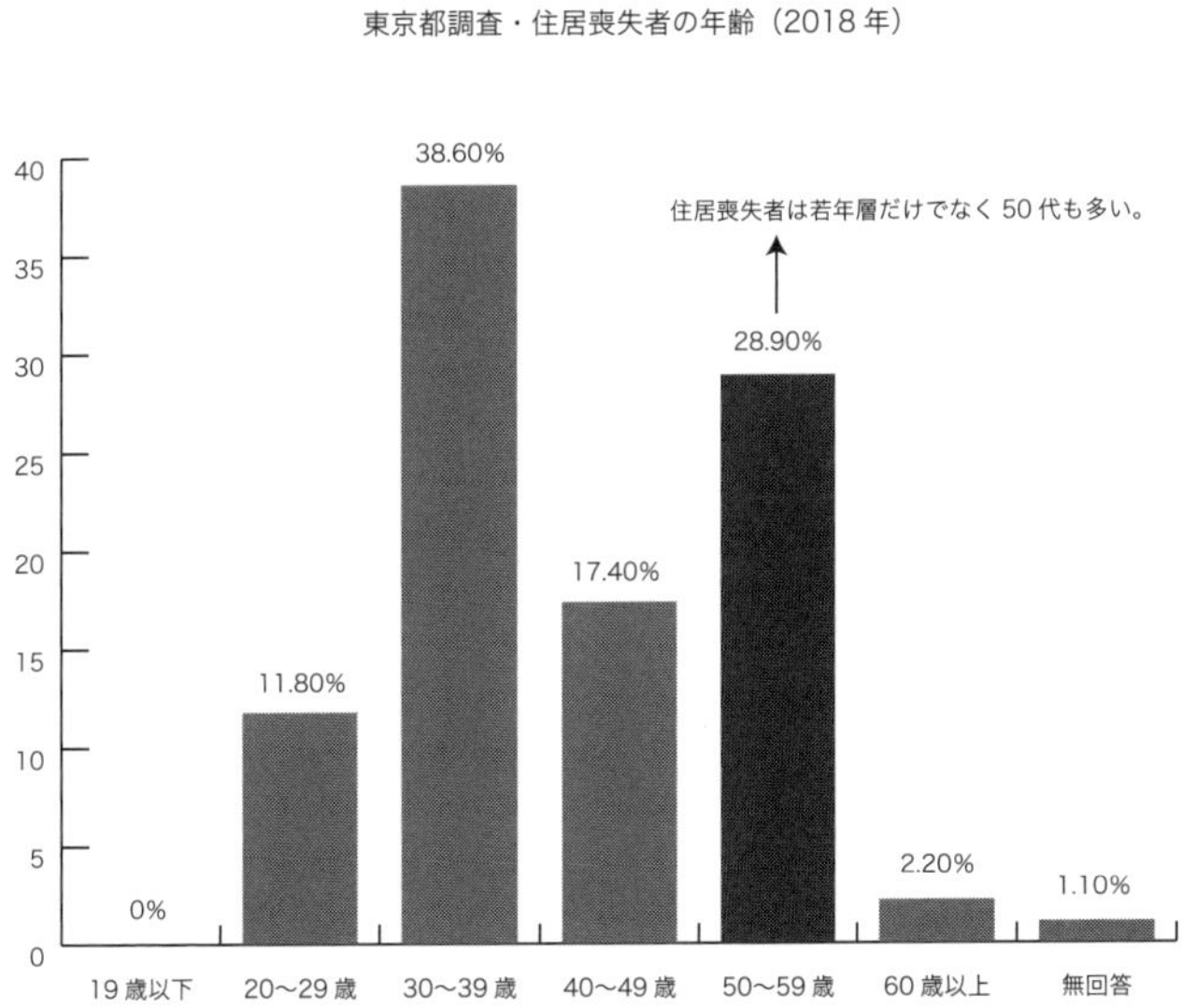

出所：東京都福祉保健局生活福祉部生活支援課
住居喪失不安定就労者等の実態に関する調査報告書

＊

「個室ビデオ店」とは、いったいどんなところか。ひとことで言うと、一畳ほどの閉ざされた空間に、ＰＣとＤＶＤプレイヤーが置いてあって、リクライニングマットで、ポルノを見て過ごす空間だ。

その多くはポルノを鑑賞するための用途で使われるのだが、実はこの空間はそれだけのためにあるわけではなかった。住所も仕事もない中高年が路上で寝るのを避けるために、ここで一夜を過ごすために使っていたのである。

日本では貧困層が増えているのにホー

ムレスが減っているのは、彼らが生活保護費を食い物にする貧困ビジネスに取り込まれただけでなくここにも理由があった。また、女性のホームレスもほとんど見ないのも、ここに答えがある。

本来であれば宿泊所ではないところに潜《もぐ》り込み、かろうじてギリギリのところで路上に寝るのを避けているのである。統計的にもホームレスが減っていると言っても、それは「見せかけ」なのである。みんな「個室ビデオ店」「ネットカフェ」「カプセルホテル」「サウナ」と言った空間に籠《こ》もるようになっているからホームレスが消えたように見えるだけなのだ。

日雇いの仕事をしながら、こういったところを転々としている若年層、あるいは中高年は、もう珍しい存在ではなくなっていて、それが貧困層の新しいライフスタイルにすらなっているとも言える。

「ホームレスに落ちると終わりだ」という意識は誰にでもある。どん底の中のどん底がホームレスである。だから、誰もがホームレスに落ちまいと、最後の部分で踏みとどまる。二〇〇八年に起きた「個室ビデオ店・キャッツなんば」の放火事件は、そうした人たちの存在を暴き出した事件であったとも言える。

＊

「個室ビデオ店」や「ネットカフェ」は一泊一五〇〇円から二〇〇〇円もするので、それも決して安くない。その金すらも出せないほど切迫した人間はどうするのか。二十四時間営業の飲食店、たとえばマクドナルドで一〇〇円のコーヒー一杯だけでイスに座って夜を過ごす。

しかし、その一〇〇円すらも出せない人間は、二十四時間開いているコンビニなど、人目に付かないところで「立って寝る」こともある。昼間に身体を休めるにはどうするのか。図書館に行って可能な限り寝る。あるいは公衆トイレの個室で可能な限り寝る。中にはデパートの公衆トイレで数時間も籠もって警備員に叩き出された若者もいる。

そういったギリギリのところで、かろうじてホームレスに落ちない程度に生きている。「一駅分の切符を買って山手線をグルグル回りながら寝ている」と私に言った女性もいた。

山手線ではないけれども、郊外行きの電車の中で大きな荷物を脇に置いてシートの端っこで死んだように眠っている女性を見かけた。電車の中は暖かく座席も座り心地が良く、ぐっすり寝ていても意外に安全だ。

日本の底辺では「ホームレスではないが、限りなくホームレスに近いギリギリの一線」で生きている人間が、そうやって工夫しながら身体を休めてかろうじて生きている。しかし、そんな人生では夢も希望もあるわけがない。自暴自棄に落ちても当然だ。

日雇い労働など、いくら続けてもそれで満足に暮らせることは絶対にない。その日をしのぐことはできるかもしれないが、むしろ長く「その日暮らし」になってしまって、永遠に這い上がれない。

しかし、日本のどん底《ボトム・オブ・ジャパン》ではそういった「ホームレスに落ちる一歩手前のライフスタイル」が定着してしまっており、永遠にその日暮らしを続けている人間たちが増えているのも事実だ。

蓄えが不足したまま仕事を失うと、場合によっては誰もがこの救いのないライフスタイルの中に落ちていく可能性がある。今はリストラや非正規雇用や低賃金化が加速している危険な時代なのだから、誰もが他人事ではない。

誰でもできる仕事が危険なワケ

日本ではバブル崩壊以後に非正規雇用が急拡大し、働いても働いても生活が楽にならずに追い込まれる人が増えて貧困の光景となった。二〇〇〇年以後、こうした非正規雇用で働く若年層の経済格差が社会問題化した。

この非正規雇用という「使い捨て」の労働モデルは、日本社会がグローバル経済に飲み込まれる中で生まれたのだが、このグローバル経済の総本山はアメリカであり、この労働モデルは「アメリカ産」である。

アメリカでは最初から労働者は「使い捨て」だった。アメリカ企業は利益最優先であり、その利益を株主と経営者で分け合う構図が早くからできていた。だから自分たちの利益のためにコストは徹底的に削減する方向に向かっていた。

コストの大半は人件費である。だから人件費は削られる。利益優先なのでリストラは恒常的であり、儲かってもリストラ、景気が悪くなってもリストラ、経営を建て直すのもリストラ、とりあえずリストラが経営者の仕事となる。

これが日本に取り入れられた。その形が非正規雇用という存在なのだ。非正規雇用の若年層は必死で働いているのだが、低賃金なので生活を支えることができない。こういった人たちのことを「ワーキングプア」と呼ぶが、これもアメリカから直輸入された言葉だ。

低賃金労働者というのは真っ先に挙げられるのはファーストフードの店員や、ピザの配達員である。あるいは、ウェイターやウェイトレスや皿洗い等の外食産業に関わる人たちもまた低賃金の代表である。

それ以外にも日雇いの土木建設業、工場の組み立て工員に見られる単純労働、清掃作業員、レジ係も、どんなに真剣に働いても賃金が低くて生活が豊かになることはない。こういった労働者は失業者とは違うので、「仕事がないよりはマシ」だと言われている。

しかし、病気やリストラや職場の倒産によって、翌日から生活破綻の可能性もある。どんなに必死で働いても、底辺ギリギリの生活しかできない。身体を壊せば、生活も吹き飛ぶ。

＊

アメリカの貧困層はすでに五〇〇〇万人を超えている。この五〇〇〇万人の貧困層が既存の政治家を激しく憎んで二〇一六年にはドナルド・トランプという異色の大統領を生み出したのだが、トランプ政権になって彼らが豊かになったという話は聞かない。今も依然として貧困層は下の生活レベルに落ちている。

最初は貧困層であっても、努力や才能で成り上がることを「アメリカン・ドリーム」と言う。実際のところアメリカン・ドリームをつかめる栄光の人はとても少なくて、多くの人は逆にアメリカン・ナイトメア（アメリカの悪夢）の方に落ちているというのは統計を見ても分かる。

アメリカ自体は別に貧困国になっているわけではないのだが、国内の格差はあまりにも凄まじいものになっていて、景気が回復しようが株価が上がろうが、金融市場とはまったく何の縁もない国民の多くは追い込まれたままである。

景気回復で雇用は増える。しかし、貧困層の就ける仕事の多くが最初に挙げたファーストフードの店員のようなものばかりである。これを「マックジョブ」と呼ぶ。マックジョブでは地道に働いても食べていくだけで精一杯の賃金でしかない。

現代の資本主義社会はワーキングプアを量産する社会になっている。貧困層は貧困から抜け出せないまま人生を終える。

アメリカは身分制度などないのだから、努力したらアメリカン・ドリームをつかめるはずだという理想論はいまだにアメリカ人に根づいている。

確かにアメリカン・ドリームをつかめる人は少数であっても存在するから、その理想論は嘘ではない。宝くじは買っても一等が当たらないが、それでもどこかで当たっている人がいるのと同じである。しかし、大多数の人には、それは関係のない話だ。

＊

資本主義社会の中では、すべての企業が競争に晒《さら》される。そのため、競争に打ち勝つには商品やサービスの価格は常に切り下げられる方向にある。それは、すなわちコストの削減をするということであり、コストの削減のためには人件費の削減をするのが最も効果的なアプローチになる。

賃金が常に最小に向かっていく理由はここにある。企業が利益を出すためには、余計な出費を減らすのだ。すなわち利益の拡大のためには、従業員の賃金を引き下げるのが最も効果的なのである。

では、誰の賃金を引き下げるのか。もちろん、切り捨てても代わりがいくらでもいる人間の賃金を引き下げる。つまり、マックジョブをしている人の賃金を引き下げていく。賃金が安いと言って辞めていったとしても、生活に困っている人をまた雇って、その人が潰れたらまた違う人を雇う。

従業員を正社員にしたら辞めさせるのが面倒なので、だから日本企業は「非正規雇用」という存在を必要としたのだ。使い捨てることができる労働者が必要だったのだ。二〇〇〇年代初

正規・非正規雇用者数推移

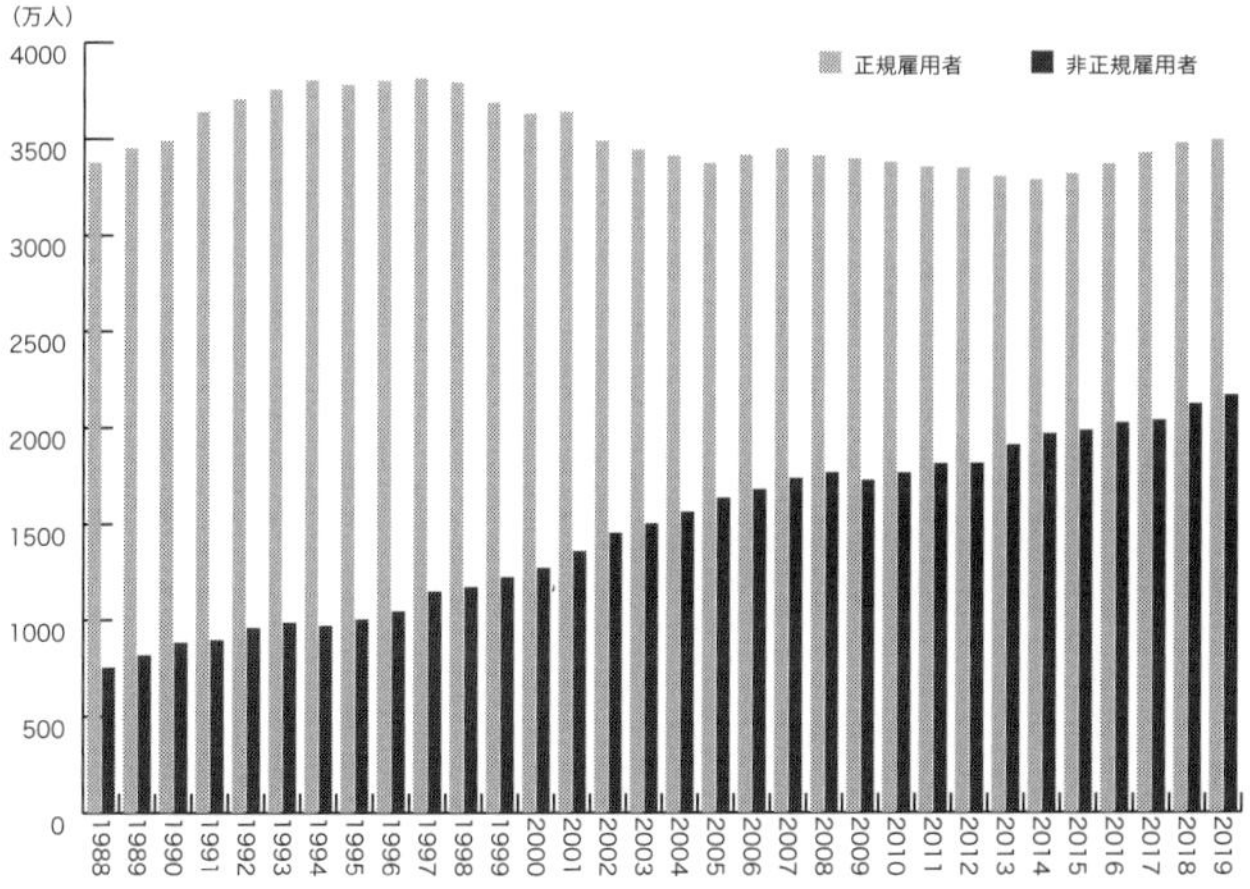

出所：総務省「労働力調査」「労働力調査特別調査」

頭に非正規雇用は拡大されて企業はいくらでも若年層を安く使い捨てることができるようになった。

だから「誰にでもできる仕事」であるウェイトレス、皿洗い、レジ係、工場の単純労働、清掃員、小売り店の販売店等の仕事はどんどん最低賃金に近づき、場合によっては最低賃金以下の賃金に落ちていった。

そして、非正規で働く若年層は働いても働いても生活は楽にならず、黙って自分の手を見つめて「どうなっているのだ」と呆然《ぼうぜん》とするようになった。職業に貴賤《きせん》はない。しかし誰にでもできるマックジョブというのは価値が低く、世間はその仕事を評価していない。つまり、「つまらない仕事」であると思われている。

もちろん、皿洗いにもスキルが要るが、そのスキルは世の中に重要なスキルではなく、言わば「誰にでもできる仕事」と世間は見なす。「スキルがない」「あっても時代遅れ」「誰にでもできる仕事」というのは、資本主義の社会では価値がない。価値がないから低賃金から脱することができない。そして非正規雇用者のどん底の中のどん底の人たちは住所すら持てずに社会のどん底《ボトム》をさまよい歩くことになったのだ。

＊

政府が最低賃金を引き上げて最底辺の人々を救おうとしても、企業は機械化・ロボット導入・効率化・途上国の外国人雇用などの方法で対抗するので、最低賃金が引き上げられたらすべてが解決するわけではない。むしろ、効率化することによって職場が消えることさえもあり得る。

スーパーのレジ打ちの仕事さえも消えてしまいつつあるのが今の効率化だ。非正規雇用の立場で仕事を続けていたら、それ以上の発展性はまったくない。どんどん追い込まれて窮地に落ちていく。

非正規雇用で雇われていては、やればやるほど貧困になっていく。もともと低賃金で雇われる。いくら熟練しても景気が悪くなったらいつでも解雇されたり雇い止めされたりする。さらに昇進もない。

そんなところで長く時間を潰していれば、どんどん人生を消耗してしまう。しかし、いったん非正規雇用に落ちれば這い上がれない。今の日本社会は、よほど有能でもない限り、いったん正社員から外れた人間は次には非正規雇用者として雇う流れになっている。そして非正規雇用者になったら次も非正規雇用者である。

それが資本主義の残酷な一面だ。唯一そこから抜け出す方法があるとすれば、「誰にでもできる仕事」から逃れ、高度なスキルを身につけて、そのスキルを売り込んで生き残るしかない。「誰にでもできる仕事」を一生懸命にするのではなく、スキルを磨く時間を増やして稼げる仕事にシフトする方向に向かう必要がある。

しかし、ワーキングプアに陥ってしまうと、いくつも仕事を掛け持ちして長時間労働を余儀なくされていることも多い。スキルを身につけようにも、そうした時間的余裕もなければ精神的余裕もない。そのために、日々の暮らしに汲々としているうちに歳をとってますます這い上がれなくなる。

最底辺に落ちていく要因がここにある。這い上がれない仕組みができあがっていて、ここから抜け出すのは難しい。このような社会構造の中で自暴自棄にならないのであれば、そちらの方がどうかしている。

第四章 シングルマザーという地獄

女性を落とすブラックホール

「誰にでもできる仕事」は貧困に落ちる大きな要因のひとつでもある。しかし、日本女性のシングルマザーは子供の面倒を見なければならないが故に、「誰にでもできる仕事」の代表であるアルバイトやパートの仕事に就かざるを得ないことが多い。

子供を保育所に預けたとしても時間までに子供を迎えに行かなければならないし、子供が病気にでもなったら仕事を早退したり休んだりして子供の面倒を見なければならない。夫婦で子育てをするのにも大変な手間がかかるというのに、それを自分ひとりでしなければならないのだから、それがどれだけ大変なことかが分かる。

こうしたシングルマザーの大変さを分かっているので、企業は彼女たちを応援するのではなく逆に採用を見送る。シングルマザーは子供に振り回される存在であることを企業は一番よく知っている。

企業はボランティアでやっているわけではない。しかも最近の企業は利益を出すために人件費削減を真っ先に行う傾向があるので、シングルマザーを正社員で雇うという企業はほとんどない。

そこでシングルマザーはパートのような仕事に就くのだが、こうした仕事は給料が安く、女性の都合でフルタイムでもない。だいたい時給八五〇円から一〇〇〇円くらいで、一日四時間から六時間勤務となる。月の収入が十万円に満たないシングルマザーもいる。貯金があるとしても大金ではないし、そうであるならばそうした貯金はいずれ底を突く。かくして、シングルマザーは貧困に落ちる。

＊

シングルマザーのほとんどは離婚が原因だ。本当であれば父親から養育費があって然るべきだが、男は養育費を払わずに姿を消してしまうことが多い。ＤＶ（家庭内暴力）が離婚の原因だった場合は、女性の方から縁を切っている。そうすると自分の収入だけで何とかしなければならない。

シングルマザーの平均の月収は約一〇万四二〇〇円だ。これは相当厳しい月収だ。都会でこの月収だと生存できるかどうかのギリギリである。しかし、平均を見るとこの金額なのだから、私たちの想像以上にシングルマザーは厳しい生活をしているというのが分かる。パートやアルバイトのような非正規雇用なので時給も低いのだが、何よりも子供がいるので勤務時間がかなり短くなってしまうことに問題がある。

仮に時給八〇〇円の六時間勤務で計算すると月の給料は十二万円だ。これでも平均よりも高いのだが、この十二万円でも子供を抱えて首都圏で生活を成り立たせるというのは、相当な芸当になる。

電気・ガス・水道・電話のようなライフラインで約二万円だとすると残りは十万円になる。小さなアパートでも四万円はするはずなので、それを差し引くと六万円。この六万円で子供用品だとか食費だとか雑費を工面しなければならない。

これでは余裕などまったくない。ギリギリの生活だから生活費ですべてが飛んでいき貯金の余裕がない。そこで子供が病気になったとか、高額な家電や日用品を買わなければならなくなったとか、冠婚葬祭等で予期せぬ金が必要になったりすると、その瞬間に追い詰められていく。

多くのシングルマザーは、ギリギリの中でさらに食費など切り詰められる部分を必死で切り詰める。そんなギリギリの中で生きる過程で、彼女たちは明日への不安と恐怖に押しつぶされていき、やがて精神的に深く追い詰められていくようになる。明日が見えないというのは地獄だ。

孤立無援の中で子供を抱えたまま、彼女たちは永遠にこのような地獄に生きなければならないのかと思い、絶望していく。

＊

底なしの絶望が活力を失わせるのは私たちの誰もが経験する。もがいても抜けられない虚しさが心を支配する。不眠症、倦怠《けんたい》感、脱力感などの不定愁訴《しゅうそ》に襲われ、ここで精神科に行くと、睡眠薬や精神安定剤を与えられる。

しかし、こうした薬は依存性を呼び、より悪い結果を引き起こすことが多い。睡眠薬や精神安定剤はやがて効かなくなる。より強いものに変わっていくと、起床した後もぐったりとした疲労と眠気が残ってしまう。中には仕事に差し支えるほどの疲労に落ちてしまう女性も多い。

こうして仕事を続けられなくなったり、仕事にブランクができたりすると、家賃が払えなくなったり、ライフラインが止められたりしてしまう。ここで両親や生活保護に頼れる女性はまだ救われるが、その両方に頼れない女性も多い。

生活保護に頼らないのは、それを知られたら恥だと思う気持ちもあれば、子供がいじめられるとか、そもそも生活保護の窓口で難癖を付けられて心が折れてしまうからである。

「もっと、頑張れるでしょう」

「まず親や親戚に頼るべきでしょう」

「元夫に養育費をもらえるように頑張ってみては？」

そうやって露骨に排除されるのだ。そして、窓口の陰険な空気の中で生活保護をあきらめ、「自分で何とかしなければならない」と思ってしまう。しかし、何ともならない。そこで手っ取り早く頼るのがキャッシングだ。「今回だけ」と思って手を出したキャッシングは、一時的に、まるで魔法のように気持ちを楽にしてくれる。

ところが、ギリギリの中でキャッシングをしてしまうと、それが返せなくて翌月にツケが回る。仕方なく、再びキャッシングをしていくと、返済額がどんどん跳ね上がる。月十二万円の収入のシングルマザーでは、五万円のキャッシングでも致命傷になってしまう。

＊

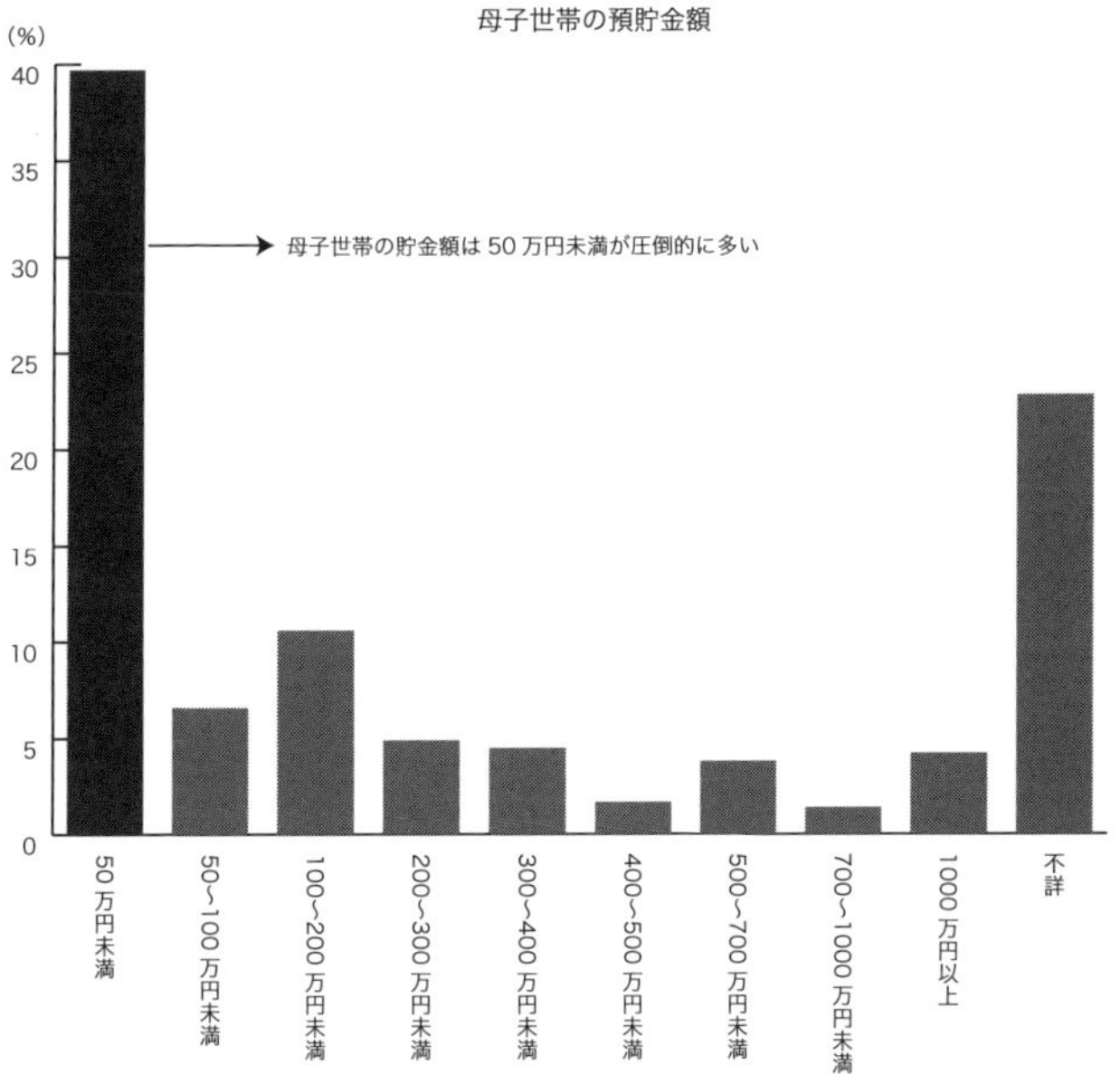

出所：厚生労働省　平成28年度全国ひとり親世帯等調査結果報告

このようにして両親にも頼れず生活保護にも頼れず世の中から見捨てられたように生きているシングルマザーは、キャッシング地獄に陥って首が回らなくなってしまう。しかし彼女たちが最後に行き着くのは自己破産ではない。

そんなことをしたら、子供を育てる能力がないと見なされて、児童相談所に自分の命よりも大切な子供を取られてしまうかもしれない。そんなことになるくらいなら、彼女たちは最後の手段に踏み込む決意をする。何もかも失った女性の「最後の手段」とは「身体を売ること」しかない。

借金の返済は絶対に待ってくれないので、もはや一刻の猶予もない。そして、彼女たちはそこに踏み込む。風俗の世界は多岐にわたっている。それは、デリヘルであったり、ファッションヘルスであったり、ソープランドであったり、あまりメジャーではないマイナーな風俗であったりする。

こうした風俗の中で、シングルマザーが一番選びやすいのはデリヘルだ。自分の働く時間に融通が利いて、託児所を完備していて待機時間に子供の面倒を見ることができるデリヘルもあるからだ。かくして日本では多くのデリヘルが生み出されていき、そこにシングルマザーが吸収されていくようになっている。

日本では結婚そのものが減っているのだが、結婚しても三組に一組は離婚になる。そして、シングルマザーとなれば孤立無援で子育てをしなければならなくなり、追い詰められれば風俗に落ちるしかない。若い女性はこうした現状をもちろんよく知っている。だから、女性たちは結婚が大きなリスクになると恐怖し、そんなリスクを負うのであれば、結婚もしたくない、子供も欲しくないと考える。

待機児童の問題が解決したら問題が解決するわけではない。子供を巡る問題はもっと深刻だ。

貧困が元凶であるのだから、その貧困を何とかしなければ救われない。日本はいよいよ東南アジア型の「貧困セックスワーカー」が主流になりつつある。女性を落とすブラックホールは日本の闇に開いていた。

セックス産業で稼ぐ女たちの金銭事情

私は一ヶ月に一度か二度は「どん底《ボトム》の中の《・オブ・》どん底《ボトム》」に生きているセックス産業の女性と会っている。今まで多くの女性に出会ってきたが、成功している若く野心のある売れっ子の風俗嬢とは別に、どん底を這い回っている風俗嬢は世間が考えている「風俗は儲かる」とはまったく対極のところで生きているのを知った。

誰もが容姿に優れているわけではないし、歳を取っていたり、太っていたり、きれいに着飾る余裕もない女性もいる。そうした女性は「とにかく、おカネがない。今月の家賃が払えない」とつぶやきながら、風俗以外の仕事にも就けないので苦しみながら生きている。

ある女性は二度離婚して精神的に変調を来して睡眠薬や精神安定剤を多用していた。朝、起きれないので普通のパートに出ることすらもできず、激安デリヘルに勤めているのだが客が付かずに家賃の支払いすらも滞っていた。

確かにセックス産業で要領よく生きている女たちも多いが、私の目の前に現れる場末の女たちはまったくの逆で、セックスを売って稼いでいるにも関わらず、明日の食事すらも困るような生活をしていたのだった。

なぜそんなことになっているのかというと、彼女たちは性風俗で稼げる容姿や年齢ではなくなっているのに、そこにいるからだ。彼女たちはセックス産業にいても、一日六〇〇〇円も持って帰れない日もある。

仮に彼女たちが頑張って月二十日出勤できたとしても、六〇〇〇円では十二万円にしかならない。実際には彼女たちは二十日も真面目に出勤しないので、手取りはもっと少ない。十万円いかない月もあるはずだ。セックス産業にいて月十万円いかないのであれば、どん底だと思わないだろうか?

＊

セックス産業は定価などあってなきが如しであり、しかも女性の容姿や年齢や地域によってもピンからキリなので、一概に「いくら稼いでいる」と言い難いものがある。場末の女性は月十二万円しか稼げないかもしれないが、高級ソープ嬢は月一二〇万円を簡単に超えていることもある。その差はざっと十倍になる。

これは、サラリーマンとひとことで言っても、人によってまったく違うのと同じだ。年収三〇〇万円のサラリーマンから一二〇〇万円のサラリーマンまでその幅は猛烈に違っている。しかも上を見れば、億単位に達するスーパー・エリートまで存在する。

セックス産業の世界もそれと同じなのだ。女性によってまったく環境は違う。しかし、そうだとしてもセックス産業にも相場がある以上は平均もある。セックス産業の女性はだいたい、どれくらい稼いでいるのだろうか。

セックス産業のメインストリートにあるデリヘルで考えると、デリヘル嬢が六十分から九十分の性サービスで手に入れる金額は、あくまでも平均だがだいたい二万円が一般的なところかもしれない。

デリヘルのような組織に属する場合は二万円のうちの半分ほどは組織側の管理費として徴収されるので、一万円が一本（一回の性サービス）の手取りとなる。それを一日にどれくらい回せて、一ヶ月何日働けるかで月収が決まる。平均では三人。売れっ子になると、一日四人から

六人をこなす。そうすると、

一万円×三人×二〇日＝六〇万円
一万円×四人×二〇日＝八〇万円
一万円×六人×二〇日＝一二〇万円

となり、日本の女性が身体を売って稼ぐと平均は六〇万円、売れっ子では一二〇万円がだいたいの金額になると言える。女性の容姿や店の良し悪しや時期によってはそれ以上も以下にもなる。

また女性自身も毎日毎日まるで機械のように数をこなせるわけではないし、こなしたくても客が付かない日もある。女性の容姿によっては一日二人が限度かもしれない。そうだとしたら場末でなくても約四〇万程度の女性も珍しくない。

＊

組織に取られる管理費を嫌ってフリーでストリートに立って売春する女性もいれば、出会い系で身体を売る女性もいる。売春は違法だが警察も必要悪として黙認している。こういった女性の場合も、相場はだいたい二万円ほどであり、これを軸に増減させているようだ。

もちろん若く容姿の良い女性であればあるほど、三万円だとか四万円の強気の価格でいける。未成年の高校生あるいは中学生に一回五万円や十万円を払っていたという男もいるが、基本的に年齢が若くなればなるほど売春価格は高騰する。

未成年売春は黙認されることは絶対にないが、世の中は「それでも未成年がいい」という男もいて需要があれば供給されるのが資本主義の恐ろしいところだ。逆に三十路《みそじ》や四十路《よそじ》を超えた女性にも需要がある。こうした女性は、相場よりも安くしている。

フリーの場合は効率的に相手が見つからないので、一日四人から六人を二十日こなすというのは難しい。一二〇万円に届く女性はほとんどいない。いるのであれば、よほど何か特別な秘訣がある女性だろう。

フリーの売春はなかなか続けられるものではない。出会い系などに書き込んで客を見つけるというのは大変な作業だし、手間がかかる上にどんな男がやってくるのか分からないこともありリスクは非常に高い。

ヤクザやキャッチもフリーの女たちを見つけるのに躍起になっている。脅して援デリに巻き込めば管理費を取れるので彼らも必死だ。フリーの女たちは長くやればやるほどアンダーグラウンドの男に捕捉されて、闇に引きずり込まれる。

だから一匹狼の売春をやっている女性は長続きしない。長続きしない以上は稼げるのも短期間である。彼女たちのビジネスは一過性であり、すぐにそこから足を洗うか風俗に移行するかになるのが普通だ。

風俗嬢の中には出会い系から流れてきたという女性もいる。そういった女性と話をしてみると、「店に管理費として五割を取られても、フリーで売春ビジネスをするより風俗店に所属する方が面倒がなくていい」と言っていた。

＊

日本ではピンクサロンという業種も流行っている。ピンクサロンは時給制になっているところや、出来高制になっているところもあるのだが、平均すると約四〇万円から六〇万円が女性の月収だ。ファッションヘルス、イメクラと言った業種では六〇万円から八〇万円である。

母子世帯の母の年間就労収入の構成割合

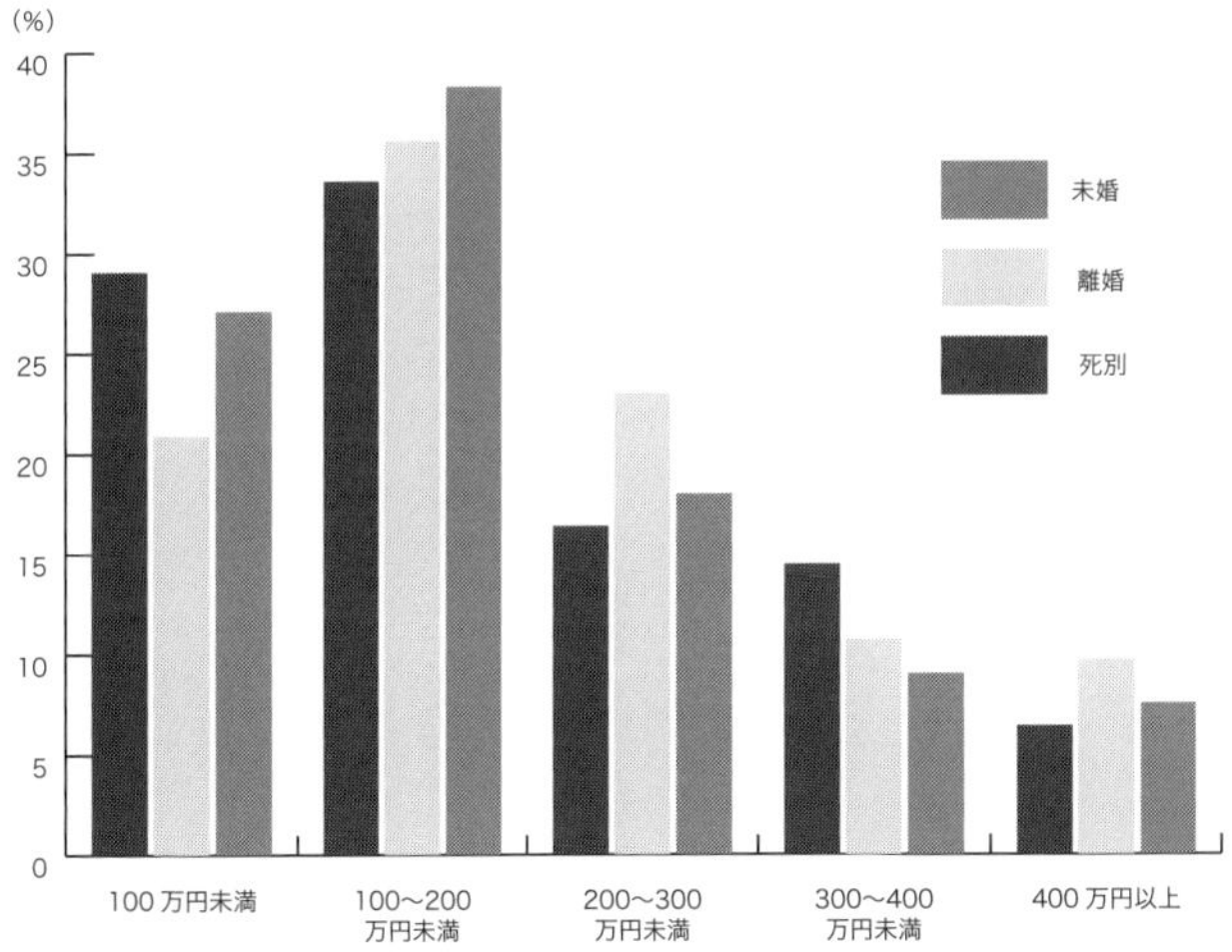

出所：厚生労働省　平成28年度全国ひとり親世帯等調査結果報告

ちなみに、デリヘル、ピンクサロン、ファッションヘルス、イメクラというジャンルでは表向き性行為はないことになっている。日本の風俗で本番が黙認されているのは、ただひとつソープランドのみだ。風俗の王と言われているソープランドは、ハードだが稼げる。

日給三万五〇〇〇円の店もあれば、五万円を保障する店もある。それで計算すると、七〇万円から一〇〇万円、高級店に勤める女性では場合によっては一五〇万円以上を稼ぐ女性も中にはいる。

肉体を売る女性が、毎月コンスタントに一〇〇万円を超える稼ぎを得られるのは、ソープランドが主である。他の業態では一〇〇万円を超える稼ぎを売春で得るのは難しい。フリーの路上売春、出会い系を含めてもそうだ。

このように考えると、日本女性が身体を売って手にする金額は一回のセックスで、「一万円から三万円の間」で収まると考えてもよい。ここから外れるほど儲からない女性も、これをはるかに飛び越えて儲ける女性もいるのだから、この数字は絶対確約的なものではないし、すべてがここに収斂していくわけでもない。

女性によって大きなばらつきがある中での平均なので、この数字を個人にあてはめるのは間違っている。それを踏まえた上で「一回身体を売って一万円から三万円」が女性の手取りになると言うのは、感覚的に高いだろうか。それとも安いだろうか。新宿歌舞伎町で人妻風俗をしているシングルマザーの女性は私に言った。

「昼職で食べていけなくてホームレスになるところだったけど、風俗で普通に生きていけるようになった。もっと早くやっていればよかった。この仕事を辞めるつもりはない」

シングルマザー風俗嬢

風俗で働くシングルマザーは珍しくない。二〇一七年十二月に会って、私に「生き延びるために必死」と言った女性もシングルマザーだった。

彼女には子供がふたりいて、昼職では教育費が賄《まかな》えないので昼職を続けながら週に二回風俗で働くという生活をしていた。普通に生活する分には普通に暮らしていけるのだが、上の子が高校に入って貯金が消えてしまい、そうしているうちに今度は下の子が高校に入るのでまたお金が飛んでいく。

「私立でなくても子供が高校に入ったら、すごくお金が飛んでいくんです。教材費だとか学食代だとか修学旅行の積み立て費？　あと、お小遣いとかケータイとかいろいろあるじゃないですか。もう涙が出るくらいお金が消えていくんですね。今度は下の子が高校生になるんです。そうすると、二人分じゃないですか。このままじゃ一家破産だなと思って、もっと貯金しないといけないなって考えて二年前に風俗に入ったんです」

こうした昼職を持った女性は、どっぷりと夜の世界にいる女たちとは何か雰囲気が違うのを感じる。彼女もそうだったが、話し方や物腰や接客がとても丁寧で質問に対する答えがとても的確だった。真夜中の女たちはエキセントリックな女性が多く､話すことが支離滅裂だったり、虚飾にまみれていたり、明らかに嘘だったり、ひどく馴れ馴れしい口調だったりすることも多い。

昼職が長い女性は、このあたりを表社会のルールで鍛えられているので、だから私が長らく一緒にいた真夜中の女たちとは違う雰囲気がするのかもしれない。

こうした昼職を持ったシングルマザーは人妻デリヘル店の昼間に働いていることが多い。デリヘルの経営者に聞いたところ、人妻デリヘルというのは必ずしも人妻がやっているのではなく、風俗では二十代後半以上の女性を括るジャンルであると教えてくれた。主力になるのは三十代の女性たちである。

＊

セックスの相手は若ければ若いほど良いと一般的な通念があるので、こうした三十代の女性は風俗でもまるっきり売れないはずだと私たちは考える。ところが、今の時代はこの三十代の女性たちがボリュームゾーンとなっており、風俗の稼ぎ頭になっている。意外に三十代の女性は需要がある。

これは若年層が毎回二万円も三万円も出して風俗で遊ぶ経済的な余裕がなく、風俗客の多くは四十代以降の男たちであることも理由のひとつである。風俗に行ける男たちの年齢層が高めなので、あまりにも若い女性だと話が通じなかったり体力が持たない。三十代の女性がちょうど良くなっていく。

女性も三十代ともなれば様々な経験を重ねて世の中の酸いも甘いも噛み分けており、年相応の落ち着きが出てくる。しかし、見た目はまだ二十代でも通用する。だから、四十代以降の男たちは若すぎる女性よりも、むしろ三十代の女性と一緒にいて落ち着きを感じている。

子供の教育費のために働いているというこのシングルマザーも「人妻デリヘル」に所属していた。彼女は週に二回しか働いていないというのに、その人妻デリヘルに所属して数ヶ月で一瞬にしてランカーに入った。ランカーとはその店の売れっ子のことであり、通常は上位十名ほどがランカーとなる。

彼女は子供が二人いる三十代半ばのシングルマザーだが、その容姿は驚くほど若かった。子供がいると言われても外観から信じられないほどだ。若いだけでなく、とても美しかった。彼女を見たらほとんどの男は「美人だ」と言うはずだ。黒髪で清楚で物腰も柔らかく、表社会の男たちに好まれるタイプでもある。しかも彼女は本番も許容していた。

「誰でも本番するわけじゃないのですけど、この人なら本指になってくれるかなと思う人には本番しています。本番は女の子によってまちまちで絶対にしない子もいますけど、私は選んでしてますね」

＊

　彼女は週に二回しか働けない。この二回が彼女の人生が成り立つかどうかの大切な鍵となる。出勤したのはいいが、客がつかないで収入ゼロで帰るというのは彼女にとっては効率が悪く致命的な損失である。

　彼女は、効率よく稼がなければならない。だから、彼女にとって常連になってくれそうな男、そして常連にしたい男に本番を求められたらそれを断らない。それが彼女のスタンスだった。しかし、そうした冷徹な計算だけで本番をしているわけではないのが彼女の面白いところだった。

「出勤して全部の時間が予約で埋まるって、よっぽどの売れっ子の子しか無理じゃないですか。だから、本指名してくれるお客様って女の子にはすごく大切で、気持ちも入るし、できれば本番もさせて上げたいなと思います。私は本指名のお客様に食べさせてもらっているので、あり

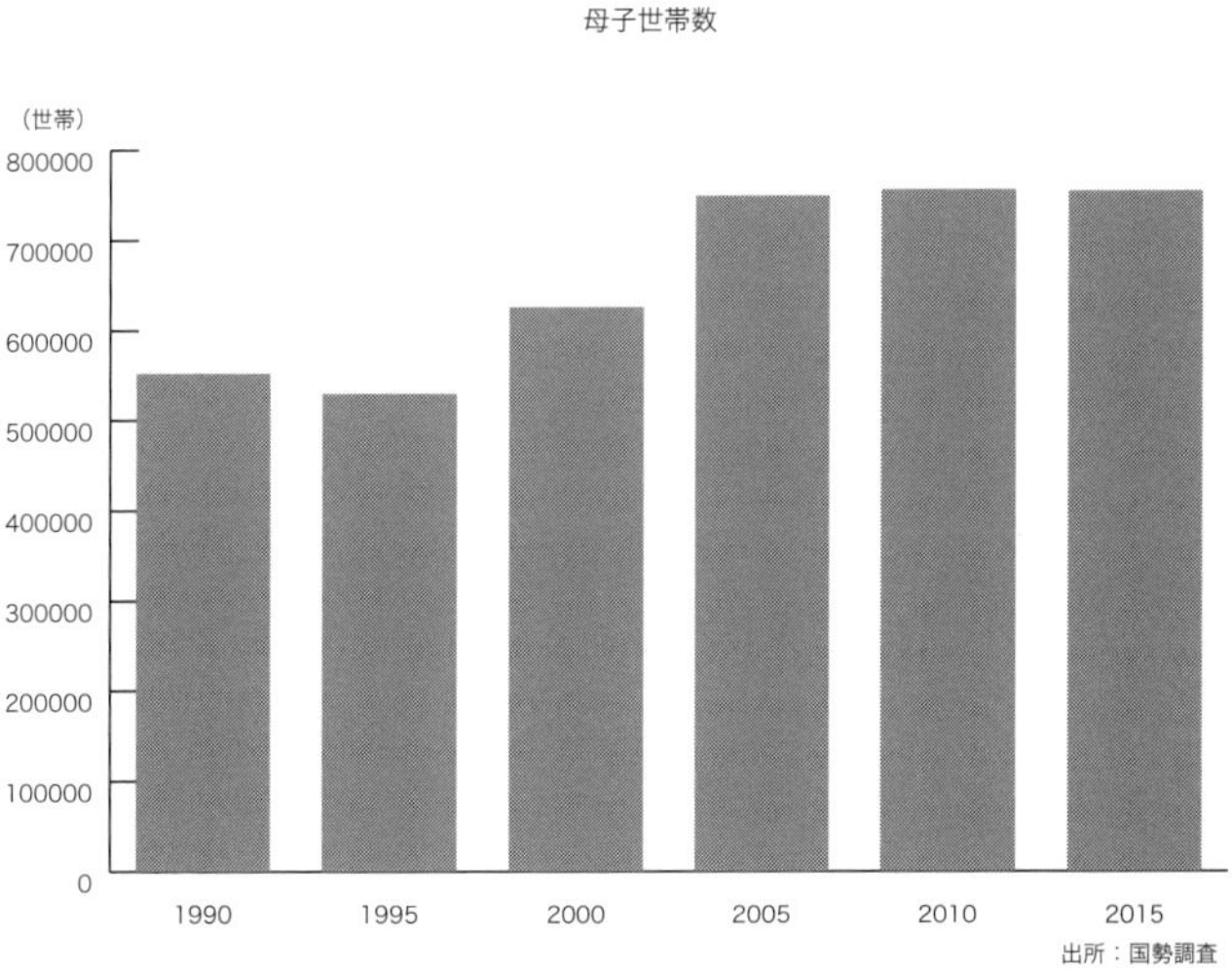

がたいなといつも感じています」

　真夜中の世界では、身体を売って生きていながらも、身体を求めてくる男たちをひどく嫌っていて憎しみながらビジネスをやっている女性も多い。ところが、彼女は違っていた。彼女は基本的に自分が風俗でやっていけているのは、お金を払ってでも来てくれる「お客様」がいるからであると考えて感謝し、自分を指名して何度もやってくる「お客様」には本当に感謝していると私にしみじみと言った。

　彼女がきれい事で言っているわけではないのは、その口調や物腰やランカーとして選ばれている実績が物語っていた。常連に対しては本番を断らない彼女のスタンスは、計算もあるのだろうが、それよりも性格に起因するところも大きいように見受けられた。性格が素直で優しいのである。こうした彼女の優しさはとても好感をもてるものだった。私でさえもそう感じるのだから、表社会の男たちはぞっこんになってしまっても不思議ではない。店外デートに誘う男も大勢いると彼女は言う。

＊

男たちは仮に三万円を払うと店が半分取って女性に一万五〇〇〇円しか渡らないというのを知っている。そこで「店外デートで三万円渡せば女性が得すると単純に考える。だから男たちはこのような取引をする。

「店外デートでも三万円を払うよ。そしたら全額が君の取り分になって得でしょ？　そっちの方がいいんじゃないの？　というお客さんがいるけど、そうじゃないの」と彼女は私に説明した。

「女の子はそれはそんなに嬉しくないの。それだったら、本指名で来てもらった方がずっといいの。十万円とか十五万円とか出してくれるんだったらいいけど、一本分だったら本指名にしてくれた方がずっと嬉しい……」

確かにそうだ。その日一日、そのひとりで時間が潰れて三万円しか手に入らないのであれば、店で仕事して五本でも稼いだ方がずっと金になる。

それから彼女は、デリヘルに限らず風俗嬢にとって「本指名のお客様がどんなに大切な存在なのか」を私に説明してくれた。ちなみにインターネット全盛の時代、風俗の指名は二つに分かれている。最初にあるのが「写真指名」、もうひとつが「本指名」である。写真指名は客がパネルを見て女性を指名することだ。本指名は一度女性に入った客が再び同じ女性に入ることだ。

客をリピートさせる女性は、店を儲けさせる女性である。だから、店は本指名を返す女性を大切にする。給料でも待遇でもあからさまに「えこひいき」をする店すらもある。これは水商売でも同じだ。夜の世界では、客をどれだけリピートさせて金を落とさせるかが勝負である。だから、女性が水商売や風俗の世界で生き残りたければ、どれだけ本指名を返せるのかが生き残れるかどうかの目安になる。

＊

大勢の男をリピートさせる、すなわち「本指名を返す」女性がランカーになり、ナンバーになり、店長おすすめになり、給料も上がる。

「本指名のお客さんがたくさんいたら給料が変わってくるの。本指名の数で給料が上がっていくのね。もらえる額が変わってくるの。たとえば本指名料が二〇〇〇円だったとしたら、二〇〇〇円がまるまる女の子に入ってくるわけじゃないのね。その月に本指名が何本返ったかで翌月に本指名の二〇〇〇円がもらえるかどうか決まるの。もし本指名が足りなかったら、一〇〇〇円しかもらえない。私は二〇〇〇円もらっているけど、本指名を返せなかったら来月は一〇〇〇円になるの」

「それだけじゃなくて、本指名がたくさん返ってきたら、バックされる金額も上がっていくのね。一ヶ月で三十人ついたとして、そのうちの何パーセントが本指名だったらいくらになるとか計算してるの。だから、本指名が多かったらフリーのお客様がついても給料が全体の底上げになるのよね」

「だから、いかに本指名のお客様に来てもらえるのか……本指名のお客様ってホントに大切。すごい大切。ホントにありがたいですね。だって女の子いっぱいいるじゃないですか。お店もいっぱいあって、女の子もいっぱいいる中で、自分に通ってくれるってすごいことだと思う。

お給料のことだけじゃなくても、それはすごいことだと思うのね。なおかつ、お給料も上がるということを考えると、その人たちのお陰で生活をしているってことになるじゃないですか……」

こんな女性も、中にはいる。そして、この感謝の接客によって彼女はランカー入りしている。シングルマザーは表社会ではあまりにも低賃金で生きていけず、いつ路頭に迷うのか分からないような状況の中で生きている。そんな女性が風俗に流れている。そして、彼女たちは自分の身体を売りながら、子供たちを育てている。

しかし、もちろん彼女のように風俗でも成功できるシングルマザーばかりではない。無理して接客中に死んでしまったシングルマザーもいる。

シングルマザーが落ちた地獄

二〇一六年六月。私は大阪・天王寺区の谷町九丁目駅を降りて、あるラブホテルの一室を見せてもらっていた。四十七歳の女性が一ヶ月前にそこで亡くなっていた。彼女は熟女デリヘルに勤めていたデリヘル嬢だったのだが、ラブホテルの一室で体調に変調をきたして突然死していた。

ドアを開けて中を入ると、病院に置いてあるような安っぽい赤いスリッパが置いてあった。それを履いて中に入ると、昭和の雰囲気が漂う場末の雰囲気が漂う部屋に、壊れそうなダブルベッドがポツリと置かれていた。

彼女はこのベッドの上で突然死したのだが、驚いた客は死んだ彼女を放置してそのまま逃亡していた。

彼女はふたりの子供を持ったシングルマザーだった。仕事場のラブホテルで突然死してしまうほど無理をしていた。彼女が突然死する前はゴールデンウィークだったのだが、彼女は全出勤をして必死で稼ごうとしていたのだった。

熟女デリヘルは単価が安く、一回転で数千円ほどしか稼げない。やってくる客はそれほど多くなく、出勤しても客がつかないこともしばしばある。連日のフル出勤を風俗嬢たちは「鬼出勤」と呼ぶのだが、彼女もまた鬼出勤していたのだ。

しかし、鬼出勤しても客がつかないことには稼げない。客の指名がつくまで彼女たちは狭い待機室やネットカフェでひたすら何時間も拘束されて待たされる。稼がなければならないのに、何もできずに時間だけが過ぎていく。

ふたりの子供を抱えており、何とか現金を持って帰りたい。シングルマザーだった彼女の焦燥感は、かなりのものだったに違いない。彼女の亡くなった場末のラブホテルの一室は、そんな彼女の怨念《おんねん》が漂《ただよ》っているような雰囲気《ふんいき》だった。必死で生きて無念に消えていったシングルマザーの生き様がそこにあった。

＊

それにしても、シングルマザーの家庭、つまり「母子家庭」は日本ではどれくらい存在するのか。厚生労働省の『平成二九年度母子家庭の母及び父子家庭の父の自立支援施策の実施状況』によると、母子世帯は約一二三万二〇〇〇世帯となっている。

最初から未婚のままシングルマザーとなった世帯や、死別によってシングルマザーになった世帯もあるのだが、ひとり親世帯になった理由の七九・五％は離婚によるものであるのが統計から見て取れる。この母子家庭の相対的貧困率は五四・六％で、分かりやすく言えば約半数が貧困にあえいでいる。

母子家庭の一八・二％、つまり約二〇％の母親は仕事を持っていない。そして、仕事を持っている母子の四三・八％は非正規である。シングルマザーは無職と非正規で六二％を占めているということになる。

子供を抱えたシングルマザーは、子供を抱えてフルタイムの仕事はなかなか難しい。子供に時間を取られて仕事に打ち込めない。できる仕事は非正規のパートタイムばかりで、それも子供の都合で休みがちになる。

これでは生活が苦しくなっても仕方がない。今の日本では、単身女性が自分ひとりで暮らすというのも経済的に苦しいのに母子家庭はそこに子供が加わるのだ。その貧困は私たちが想像する以上に悲惨なものになっている。

谷町九丁目のラブホテルの一室で突然死して見捨てられた四十七歳の女性が、なぜそんな歳になってデリヘルの仕事をしなければならなかったのかは、こうした統計をつぶさに見ていけば浮かび上がってくる。

都会の片隅で死んでしまった彼女だけでなく、多くのシングルマザーは普通にしていれば生きていけない極限状態にある。まして具合が悪いからと言って休んでいたら、なおさら生きていけない。

＊

西日本で有名なデリヘルにカサブランカ・グループがある。広島から始まったデリヘル・グループだが、創業者は長谷川華《はせがわはな》という女性だ。彼女にインタビューした時、「シングルマザーの女性も面接にくる。若い女性に需要があるのは当然だが、三十代以上の女性の方も想定以上に需要があった」と語っていたのは印象に残った。

長谷川華さんは『ママの仕事はデリヘル嬢』という書籍を上梓している。そこには、彼女自身もまた離婚してシングルマザーとなり、次の男ともうまくいかずに別れ、電気もガスも止められた翌日にデリヘル嬢になることを決意したと記されている。

日本では結婚したカップルの三組に一組は離婚に至る。離婚に至る理由は様々なものがあるのだが、現代の日本は昔と違ってひとり親世帯に転がり落ちやすい環境にあると言える。

子供を抱えて離婚すると、子供の多くは母親が面倒を見ることになる。本来であれば、離婚したとしても父親が養育費を送らなければならないのだが、養育費の未払いは珍しくない。取り立てようとすると、住所すら分からなくなる父親もいる。

その前に、もともと稼げていない父親も多い。取り立てようにも現金をもっていないのである。そうなると、女性は働きながら何とか自力で子供を養わなければならない状況になる。しかし、こういったシングルマザーにフルタイムの仕事は、なかなかできない。子供に時間が取られるからだ。

そうなると働き先は必然的にパートになるのだが、このパートの基本賃金が安いのである。しかも、子供が病気になったりすると欠勤も余儀なくされるので、収入が減る要素の方が増えていく。

＊

二〇一四年九月二十四日、千葉県銚子《ちょうし》市の県営住宅に住む母子が賃料滞納のために立ち退きを迫られた。このシングルマザーは長年の生活苦に疲れ果てていた。家賃の滞納も生活苦から来たものであり、ここを追い出されると彼女は十四歳の娘と共に路頭に迷うしかなかった。

そのため、母親は親子心中を思いつき、立ち退きの日に娘の首を絞めて殺し、死んだ娘の側で母親は娘が写っているビデオを無言で見ていた。このビデオが終わったら、彼女は自分も死ぬつもりだった。しかし、その前に立ち退きの執行官がやってきて、母親は死ねなかった。そ

母子家庭の母の養育費の取り決めをしていない理由

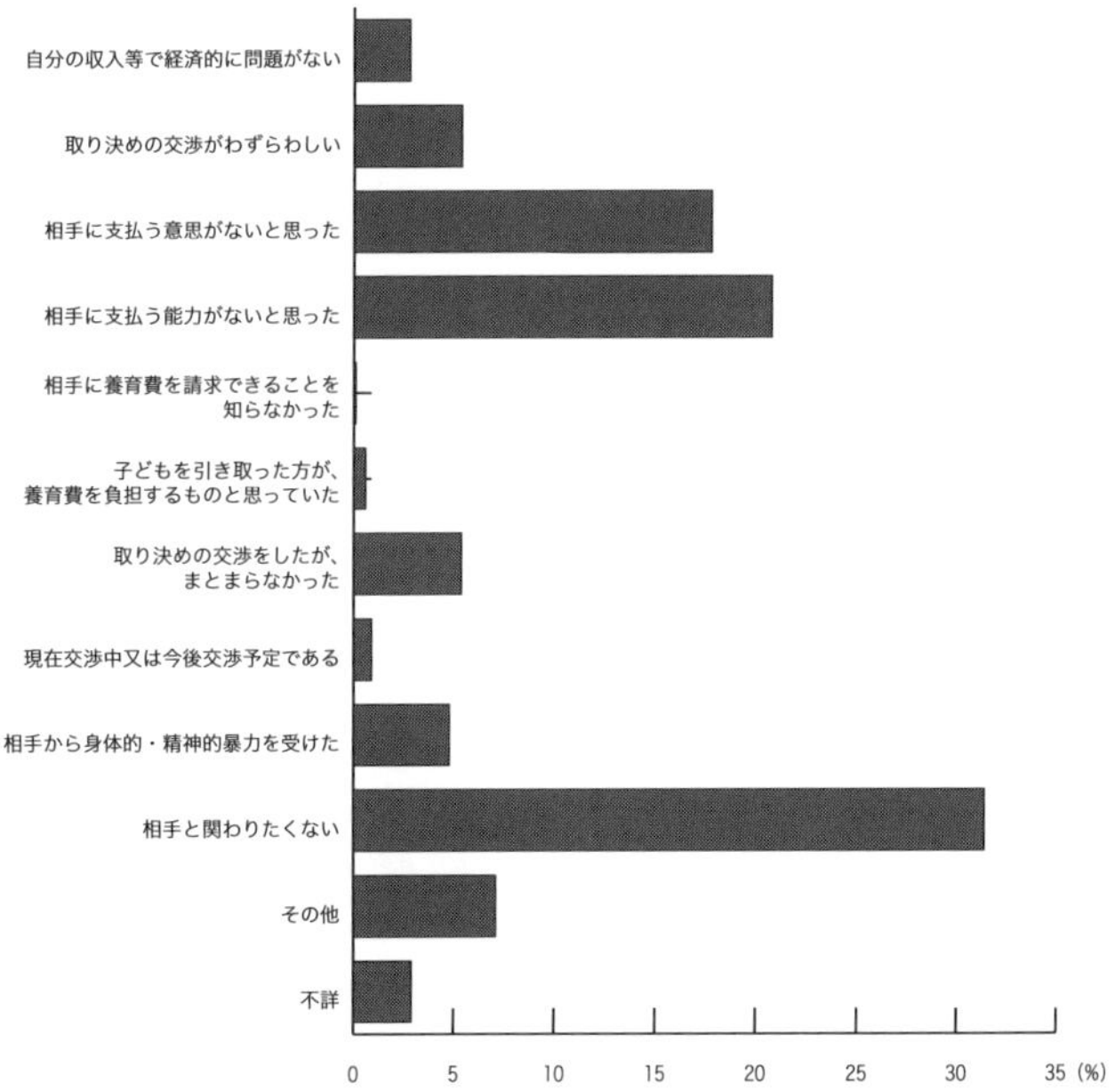

出所：厚生労働省　平成28年度全国ひとり親世帯等調査結果報告

んな事件があった。

彼女も離婚によってシングルマザーになっていたのだが、離婚の原因は、夫のめちゃくちゃな経済観念だった。元夫は分かっているだけで六〇〇万円近い借金を持っていた。

彼女は自分の親に金を借りて元夫に渡した。それは働いて返してもらう約束をしたのだが、元夫はその約束を守らなかった。結局、このことが原因で別れることになったのだが、夫はその後、カネを返さないまま行方不明になった。

彼女は給食センターのパートで働いていたのだが、月給は平均して十一万程度であった。その中で、彼女は娘が欲しいというアイドル関連のＤＶＤやデッキや液晶のテレビなどを買い与えていたのだが、親としてなるべく子供に貧困を感じさせないように努力していた形跡が垣間見える。

こうしたものは分割三十六回ローンでまかなっていたが、もともと月給が少ない彼女にとっては痛い出費だっただろう。やがて、娘が中学生に上がる頃、娘の制服代が払えずに社会福祉協議会に借り入れをしたのだが、それでも足りずに彼女は関わってはいけないものに関わった。

ヤミ金に足りない金を借りたのである。利息も聞かずに彼女は金を借りた。そうすると毎週一万円を返せと激しく電話がかかってくるようになり、少しでも返済が遅れると脅されるようになってしまった。

このヤミ金にカネを毟り取られ続けて家賃も払えなくなってしまい、そして強制立ち退きの日に娘を殺してしまったのだった。娘の制服代が致命傷になった悲しいシングルマザーの事件だった。

＊

一度、そうやって貧困側に落ちていくと、ありとあらゆる要素が悪い方のドミノ倒しになっていく。アメリカのピューリッツァ賞の記者であるデイヴィッド・シプラーは、著書『ワーキング・プア　アメリカの下層社会』の中で、このように述べる。

「どの問題もその他の影響力を増幅させ、すべてがしっかりと結びついているため、一つの不運がもともとの原因からずっとかけ離れた結果を伴う連鎖反応を起こすことがある」

日本では「弱り目に祟《たた》り目」だとか「泣きっ面に蜂《はち》」という格言がある。いったん問題が起きると、それが引き金になって次から次へと悪いことが一気に表れる。デイヴィッド・シプラーが、著書で述べている例はこのようなものだった。

一　荒廃したアパートに住んでいる。
二　それが、子供の喘息《ぜんそく》を悪化させる。
三　それが、救急車を呼ぶことにつながる。
四　それが、払えない医療費となる。
五　それが、カード破産を招く。

六　それが、自動車ローンの利息を引き上げる。
七　それが、故障しやすい中古車の購入になる。
八　それが、職場の遅刻につながる。
九　それが、昇進と稼得《かとく》能力を制約する。
十　荒廃したアパートから出られなくなる。

悪いことが、次の悪いものを引き寄せ、それがまた悪いものを引き寄せる。荒廃した粗末な住宅に住んでいることが、予想もしない悪影響を与え合って、どんどん自分の足を引っ張る。まるで玉突き衝突のように、ひとつの悪いことが次の悪いことを引き寄せて止まらない。そうやって、負の連鎖、負のスパイラルがぐるぐると回って、いったん蟻地獄に落ちると、這い上がるのに相当な時間がかかるか、もしくは二度と這い上がれなくなってしまうのだ。

人生はとても不確かだ。今は順調でも、何かほんの些細な出来事や決断が、予想もしない致命傷となって自分の人生を壊してしまうことがある。今の日本は、シングルマザーにそうした転がり落ちるような貧困に向かわせる社会となっている。

約一二三万二〇〇〇世帯の母子家庭のうち半数は順調ではなく、いつでも極限に沈む恐れがある。社会全体が縮小していくと、シングルマザーの苦境も放置される。場末のラブホテルで突然死し、放置される事件も起きる。ひとつ踏み外すと、彼女たちはいつでも地獄が待っている。

第五章 シェアハウスという闇

シェアハウスという共同生活の世界

若年層の貧困は二〇〇〇年代に入ってから急激に増えはじめ、ここからネットカフェに寝泊まりする若者がクローズアップされるようになった。それだけではない。その頃から徐々に広がっていったのは「シェアハウス」と呼ばれるものだった。国土交通省はシェアハウス（貸しルーム）をこのように定義している。

『プライベートなスペースを持ちつつも、他人とトイレ、シャワールーム等の空間を共用しながら住まう賃貸物件で、入居者一人ひとりが運営事業者と個室あるいはベッド単位で契約を結ぶもの』

カタカナで言えばなかなか最先端の響きがあるが、これは要するに昔の「タコ部屋」である。トイレ、風呂、台所は共用で、狭い部屋に何人もの人たちが押し込まれるようにしてひとつの家屋、部屋で暮らす。

このスタイルが、どんどん増えている。非正規雇用で仕事も不安定で低賃金の若者は普通のアパートやマンションに入ろうと思ってもなかなか物件が見つからない。まして親との関係が切れて孤立している場合、保証人となってくれる人もいなかったりするので住所を探すのはとても面倒なことになる。

最近は親兄弟を保証人にするよりも保証人代行会社を立てるのが普通なのだが、不安定な身分の場合は、保証人代行会社すら利用できないことが多い。あまりに収入が不安定だったりすると審査で落とされてしまうのである。

そこで普通のアパートに入る道を閉ざされた人たちは、保証人の不要な賃貸を探すことになる。そのひとつとしてシェアハウスがあるのだ。礼金も敷金も要らないので「転がり込む」のであれば最適だ。

しかし、台所も風呂もトイレもすべて共用なのに、安いのかと言えば一概にそうとも言えない。プライバシーゼロのルームシェア（ひとつの部屋に何人かが寝るドミトリー）であれば約一万円からあるが、個室ともなると三万円以上となる。

値段は建物の利便性や部屋の大きさや快適さによって違ってくるので、何とも言えない。交通に便利なところで六畳の個室だと、五万円というワンルームと遜色《そんしょく》ないシェアハウスもある。良し悪しは別にして、日本の新しいライフスタイルとしてこのシェアハウスが定着した。

＊

シェアハウス市場調査二〇一九年版を見ると、シェアハウスは全国に約四八六七棟、部屋数は五万六二一〇室、ベッド数は五万九四二五ほどになっている。シェアハウスのほとんどは東京・名古屋・大阪に集中しているのだが、いまやこのスタイルが全国で広がろうとしている。

しかしながら、シェアハウスは圧倒的に首都圏に偏在している。この傾向は今後もまったく変わらない。「シェアハウスが選ばれるのは家賃や礼金・敷金が高すぎて普通のアパートやマンションを借りられないから」という事情があるからだ。

首都圏は日本全国から莫大な人々を集めている。そのため家賃は高止まりしている。しかし仕事は非正規雇用などで不安定化しており、高い家賃が支払えない若者も莫大に存在する。そのためシェアハウスはこれからもジワジワと増えていく形態になっていくのかもしれない。

首都圏で若者が誰の援助もなくひとりで暮らそうと思ったら、安普請《やすぶしん》のアパートを探すか、凄まじく遠いところに引っ越すしかない。しかし、それは正社員の仕事があるという前提である。非正規雇用であれば収入が不安定であり、家賃がひどく重いものになる。だから、ネットカフェ暮らしの若者も出てきているし、シェアハウス暮らしの若者も出てきている。

このシェアハウスには最初から冷蔵庫や洗濯機や電子レンジなどの生活アイテムが揃っているので、最初からこうしたものを一から揃えることができない人たちには大きな利点になっている。そして、何よりも自分と同じような境遇の人たちが一緒にいることになるので、明るく楽しく暮らせる。

そのように喧伝されている。そこにいる見知らぬ人たちと一緒になって仲良くワイワイやるというのは、まるでサークルか旅の延長のようだ。こうした「明るい面」が強調されると、シェアハウスは何となく「良さそうな感じ」に思えて飛び込んでいく若者もたくさんいるのは想像できる。

＊

今では「正社員と同じ仕事をしても低賃金で働かされる」「長く働き、熟練しベテランになってもまったく昇進しない」「景気が悪くなったらあっさりとクビを切られる」という問題点で格差を生み出す元凶となっている非正規雇用という働き方だが、二〇〇〇年当初、マスコミはこれを「新時代の働き方」と持ち上げていたのを覚えている人もいるかもしれない。

非正規労働は「決まった時間だけ働いて、あとは自分の自由な時間。会社に縛られたくない人にオススメの新しい働き方」と喧伝《けんでん》されていたのだ。そして、それを信じた若者の多くが自ら非正規労働を選択した。

シェアハウスの宣伝もこれに似ている。「すぐに入れる」「家賃が安い」「同じ境遇の仲間と一緒に楽しく過ごせる」とメリットばかりが強調されているのだが、実のところ多くのデメリットがあるというのはあまり意識されないようにされている。

シェアハウスというのは、その本質は「貧困化が生み出したもの」である。プライバシーを保つ金すらもなくなった若年層が増える中で生み出された「妥協の産物」だ。

ワンルームといえども都会では五万円、六万円以上は当たり前にする。しかし、ルームシェアでは三万円くらいで何とかなる。安いところでは二万円というのもある。「新しいスタイルが生み出されている」のではなく、「プライバシーですらも高価になって手に入れるのが難しくなった」ので、そういった需要が生まれたのだ。

非正規雇用者が増えて低賃金が恒常化したので、こういったルームシェアもまた多くが供給されて利用されるようになっている。

ちなみに、マスコミは非正規雇用の働き方を「ハケン」だとか「フリーター」だとか言って

シェアハウス　入居動機

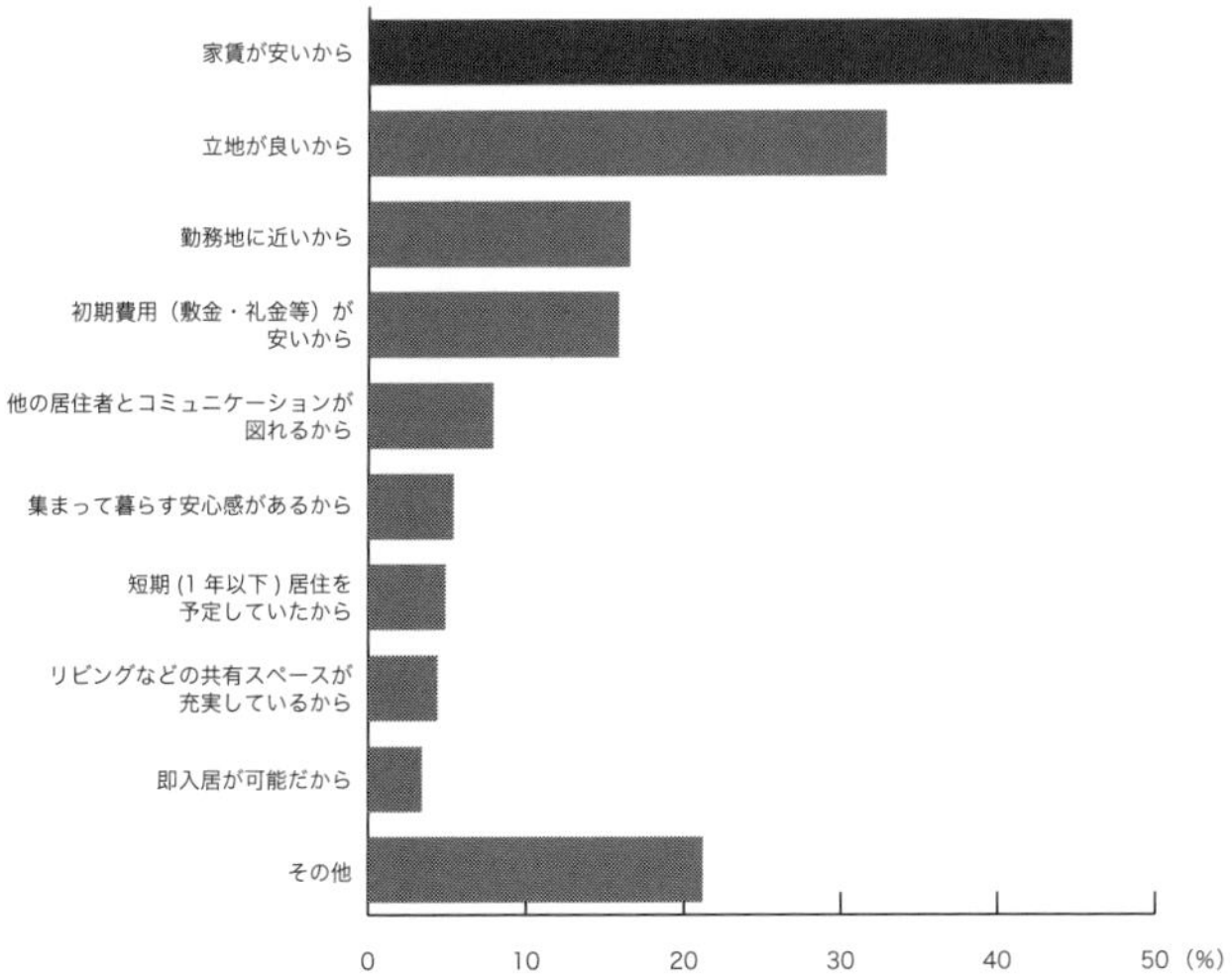

出所：国土交通省　シェアハウス等における契約実態等に関する調査

何か斬新《ざんしん》なものであるような演出をよくするのだが、「シェアハウス」もまたそういう斬新に見えるような「効果」を狙ったのかもしれない。本来であれば、それは「共同住宅」「共同生活」と言うべきものである。

＊

人間関係を構築するのがうまい社交的な人ばかりがいるわけでもないし、性格が良い人たちばかりでもない。また、他人と一緒にいることで時には行き違いが生じたり、険悪になったり、我慢できないようなすれ違いが起きたりもする。

二〇二〇年二月十五日。シェアハウスに住む四十二歳の男と二十五歳の男がシェアハウス内でケンカして四十二歳の男が相手を押し倒して喉の骨を折るほどのケガを負わせて逮捕されるという事件があった。こうした激しい「いがみ合い」はそれほど多いとは思えないが、それでも共同生活をしているのであれば起こり得ることだ。

人間関係の距離感というのはなかなか難しく、人とうまくやっていくというのはできる人もいればできない人もいる。そもそも、最初から人間関係をうまく構築しようと思っていない人もいるし、決められたルールを守らない人もいるし、中には犯罪者気質な人もいる。

悪気はなくてもボス面をして他の人にあれこれ命令する人もいるし、他人の陰口を言って回るような陰湿な人もいる。

シェアハウスは寝るための部屋こそ別々なのだが、冷蔵庫は共用で使う。そのため、自分用に入れておいた食べ物が勝手に誰かに食べられてしまったりするようなトラブルは珍しいことではない。

部屋ごとに施錠ができるようになっているのが普通なのだが、その施錠も簡易なものが多いので勝手に部屋に入られて私物を物色されたりすることもある。あるいは、性的な問題が起きたりすることもある。

およそ考えられるありとあらゆる人間関係のトラブルが起きるのがシェアハウスという共同生活なのである。さらに「安いシェアハウス」を転々とするしかないどん底の人たちをターゲットにした極悪な脱法シェアハウスもある。

脱法シェアハウスの部屋の狭さ

シェアハウスは低賃金でどん底《ボトム》にいる人たちを収容するという意味で「貧困ビジネス」であると捉える人もいる。しかし、大勢の「仲間」とわいわいやるのが好きで、普通のアパートやマンションで暮らせるのにあえてシェアハウスを選ぶ人たちもいたりするし、そもそもオーナー自らそこに住んでいたりすることもある。

そのため、必ずしも全員が貧困なわけではないし、オーナーもシェアハウスが貧困ビジネスだと思っていないことも多い。そのためシェアハウスが絶対的に貧困ビジネスかと言われれば、絶対にそうだと断定できない部分もある。

このシェアハウスには、フリーターをしている若者から非正規の仕事を流転してどん底をさまよっている中年、またはＤＶ（家庭内暴力）で逃げてきた女性や、シングルマザーまでもが、このようなところに暮らすようになっている。

二〇一六年、四十一歳のシングルマザーの女性が生活保護を受けながらこういったシェアハウスで暮らしていたのだが、同じ家に独身男性がいたために、「事実婚である」と見なされて児童扶養手当と児童育成手当が打ち切られたという事件があった。しかしこの四十一歳の女性と独身男性は、たしかに同じ「家」に住んでいるのだが、そこはシェアハウスであって互いに付き合っていたわけではない。

この事件は、現実で起きていることと杓子定規《しゃくしじょうぎ》に規制を運用する行政の行き違いが生まれているという事実の他に、生活に窮した女性がシェアハウスにも流れていることが明るみに出たということでも重要だ。「日本のどん底《ボトム・オブ・ジャパン》」がひとつまた深まっているのである。

＊

シェアハウスを、明確に「貧困ビジネス」として運用しているのが脱法シェアハウスである。脱法シェアハウスは、困窮した人たちをひとつのスペースに詰め込むだけ詰め込んで暴利を貪るシステムである。

窓もなく、犬小屋のように狭い空間に人間を詰め込んで一部屋二万円か三万円で貸す。もちろん、建築基準法や消防法の違反を承知でやっている。こういった違反物件シェアハウスが都内だけでも数百件以上もある。中には六三平米のマンション一室に十二人を詰め込んだシェアハウスもあった。

四人家族が暮らすようなマンションのスペースに十二人を詰め込んだのだから、いかに劣悪なのか想像できるはずだ。通常ではあり得ないような世界である。これはまさにシェアハウスという名の「タコ部屋」だ。これは間違いなく「貧困ビジネス」であるとも言える。

かつて「三畳一間の小さな下宿」と言っていた世界は昭和の時代の昔話だと私たちは考えていた。経済大国であるはずの日本では、狭苦しいところで暮らす人は消えたと私たちは思った。しかし、劣悪な住居環境が二〇〇〇年代からの格差の拡大と共に日本で再び復活し、「シェアハウス」というしゃれた名前でどん底の人々を取り込んでいるのだった。

詰め込み型の脱法シェアハウスは、一部屋「三畳一間」どころではない。さらにその半分の広さで天井も極度に低い空間を「部屋」として貸し出している。要するに「押し入れ」を部屋だと言って貸しているのである。

口の悪い人は、このような空間を「生前納棺」「犬小屋」と吐き捨てるように言っているが、たしかに死んでしまえばそのまま棺桶になりそうな広さである。

貧困ビジネスを調査する弁護士が渋谷にある違法シェアハウスを訪れた時、想像を絶する狭さと非人間的な環境に「人間の住むところではない」と激怒した。普通の神経を持った人間でも、こんなところに押し込められれば精神を病んでしまう。

部屋は確かに仕切られていて施錠もできる。しかし壁と壁は薄く、テレビの音も会話も生活音も完全に筒抜けである。部屋には窓もなく火事になったら逃げられない。そうなれば全員死ぬしかない。

「シェアハウス」という、何かおしゃれな言い方とは裏腹に、その環境は「刑務所の方がまだマシ」な世界だったのだ。

＊

普通のアパートやマンションに入るには連帯保証人がいる。あるいは、家賃保証会社の審査がいる。どん底にいる人たちは、何とかアパートやマンションに入る金を貯めても審査で落ちることがある。

狭小・窓なしのシェアハウス入居者の、入居時の月収（2013年調査）

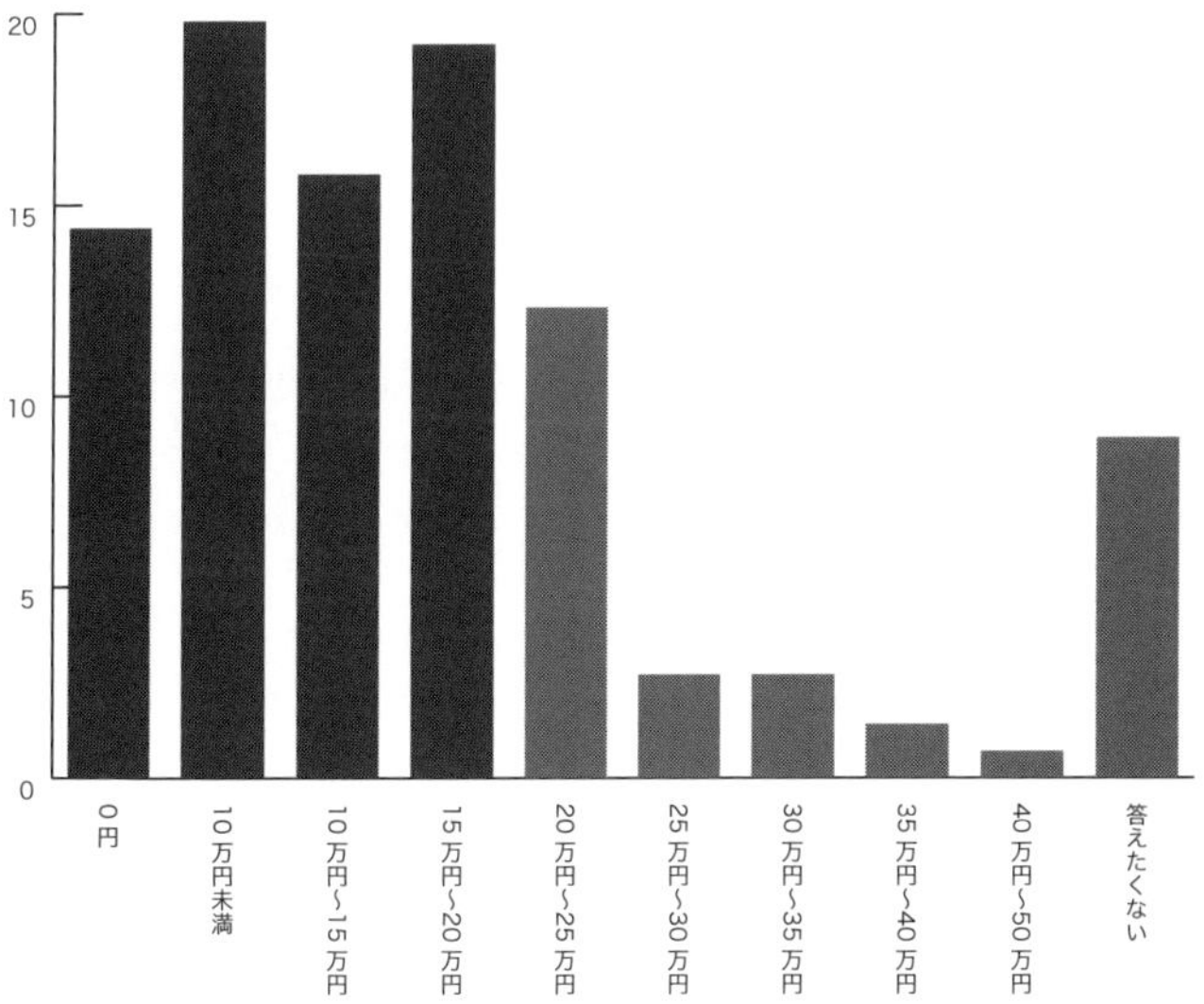

出所：国土交通省　シェアハウス等における契約実態等に関する調査

親や親戚と折り合いが悪ければ連帯保証人になってくれと頼めない。しかし、家賃保証会社には条件があって誰でも審査が通るわけではない。家賃保証会社はボランティアでやっているわけではないので、家賃を滞納するかもしれない人は最初から審査で落とす。「家賃を滞納するかもしれない人」とは誰か。真っ先に挙げられるのは無職の人である。パートやアルバイトの収入しかない人である。そして、生活保護受給者や高齢者である。さらに、過去に家賃を滞納したことがある人である。

どん底に生きている人たちは、どれ

かが当てはまる。無職であったり、非正規雇用者であったりするからどん底に落ちているのに、それが理由で家賃保証会社の審査が通らないので部屋を確保できない。

「不動産屋に行ってはフリーターだからという理由で保証会社が下りず、部屋を借りれないという悔しい思いを何度も何度も体験しました」という女性を私は知っている。彼女は結局、普通のアパートを借りることができずにシェアハウスに流れるしかなかった。その後、彼女はやっとのことで普通のアパートに住めるようになったのだが、どのような手を使ったのか。

「私は水商売をやっていた時にアリバイ会社を使い、正社員だと偽《いつわ》って普通のアパートを借りました。正社員だと嘘を吐かなければ部屋を借りれませんでした。騙した結果になりますが、生きていくためです。死なないためです。人間、生きていくためならあくどい事をしても仕方ないのだという心境になります」

＊

ギリギリの生活をしている人たちの多くは、連帯保証人にしろ家賃保証会社にしろ、そんなものを用意できないことが多い。法を無視した脱法シェアハウスは、劣悪な環境ではあるが保証人を用意しなくてもいい。だから、ギリギリの人がギリギリの場所に住む。

　こうしたシェアハウスでは、貴重品などはロッカーに預けることになっている。もし家賃を滞納するとその瞬間に追い出されるか、もしくは二週間の猶予もなく鍵を替えられて所持品を出される。これは、借地借家法に違反しているのだが、そんなものはお構いなしに「追い出し」が行われる。金がない人間は、まったくの猶予は与えられずに叩き出されて別の人に入れ替えられる。

　このような偽造シェアハウスは横浜や大阪で広がり、全国レベルで見ると推定で二〇〇〇棟近くあった。しかし、さすがに国土交通省もこれではマズいということで二〇一三年から徐々に規制を厳しくするようになって現在は脱法シェアハウスが減って状況は改善されつつある。

　しかし、普通にアパートやマンションを借りることが難しい低所得層はこれからもどんどん増えていく。だから、こうした低所得層を詰め込むビジネスは旨味《うまみ》がある。これが貧困ビジネスと化して形を変えて増えていくのは確実だ。

　最近では「就活シェアハウス」と言って、就職活動やインターンに参加する一時期だけ泊まるシェアハウスの変則系も登場している。安いというので利用者は多いのだが、やはり六畳ほどの広さに六人も七人も詰め込むような空間である。

これは違法ではないのか。実は違法ではない。部屋に窓があって非常用照明があってスプリンクラーなどの設備がきちんと付いて建築基準法を満たしていれば、部屋に何人詰め込もうが違法にはならない。

「タコ部屋」でも構わないのである。どん底《ボトム》をさまよう人たちが増えれば増えるほど、彼らを収容する劣悪な「タコ部屋」は、様々な形で提供されることになる。それはネットカフェかもしれないし、シェアハウスかもしれないが、住居を喪失するかしないかのギリギリにある人々は、そうしたところに「収容」されるようになっている。

＊

ちなみに、アリバイ会社を使ってやっとのことで普通のアパートに入ることができた女性はシェアハウスに泊まっていた時のことをこのように語っている。

「現在、日本の普通の賃貸は現実を無視しています。なので審査が通らなかった人間がシェアハウスやゲストハウスなどに流れます。しかし、シェアハウスといえど、家賃が安いわけではありません。東京のシェアハウスは上記のような人間がいる事をすでに知っており、底辺の足元を見ては普通のアパートよりも高い部屋代を要求してきます」

「以前住んでいたシェアハウスは光熱費込六万六〇〇〇円でした。光熱費を除いても普通のアパートを借りる方が安く済みます。大体、個室は窓のない部屋もあり、四畳から六畳と狭いです。狭くて他人との共同生活で高いところだと月九万円に光熱費を別で取られます。おまけにシェアハウスは貸主の都合で出て行けと言われる事もあります。部屋が水漏れしても対処してくれない場合もあります」

「ゲストハウスというのもあります。ゲストハウスは二段ベッドのベッド分のスペースだけが個人のスペースです。二人一部屋ならまだましで、十人一部屋というゲストハウスもあります。底辺の中の底辺はこれからこのゲストハウスに流れる事になるでしょう。ゲストハウスは審査もなく、誰でも簡単に住めます。けれど、家賃が一日遅れたら遅延金が発生します。これが現在の日本の底辺の住居状況です」

シェアハウスで友達を殺害してバラバラにした女性

ところで、シェアハウスでは狭いところで見知らぬ人間が集まって共同生活をするので、いろんなトラブルや問題や事件が起きる。シェアハウスを舞台にして起きた最も残虐だった事件がある。バラバラ事件だ。

日本では「バラバラ殺人の犯人が若い女性」というのは珍しいのだが、その珍しいケースが二〇一五年十二月二十四日に起きた大阪府門真市の殺人事件だった。犯人はイラストレーターの仕事をしていた二十九歳の女性で森島輝実という名前の女性だった。

彼女と二十五歳の被害者の女性は顔見知りで、同じシェアハウスで暮らしていた。森島輝実はやがてマンションに引っ越すのだが、頻繁《ひんぱん》にシェアハウスに出入りして二十五歳女性と会っていた。

殺された被害者は、森島輝実を友達だと思っていたのかもしれない。お互い愛称で呼び合って、とても仲良くしていたように見えた。しかし、森島輝実自身は友達と思っていたのかどうかは分からない。もしかしたら、森島輝実が被害者と頻繁に会っていたのは「カネを奪うため」だったのかもしれない。

森島輝実は金に困っており、被害者の本人確認証を使って彼女になりすまし、複数の銀行から借金をして、自分の借金を返していたのである。その額はあまり大きなものではなく、ほんの数万円であった。

＊

森島輝実は二十九歳だった。借金を抱え、直前までシェアハウスで暮らしていたということも分かる通り、生活は苦しかった。彼女は広島県福山市出身の女性で、高校を卒業したあと、岡山県で働いていた。福山市は県こそ広島だが、岡山県と県境であり広島に行くよりも岡山に行く方が近かったわけで、その選択は不思議ではない。

彼女は二十八歳になった時、岡山から大阪に出て行った。そして暮らしはじめたのが大阪府門真《かどま》市のシェアハウスである。森島輝実は一年このシェアハウスで暮らして、十一月末に引っ越すのだが、彼女はその前後に「友達」だった二十五歳の被害者の身分証明書を使って複数の金融機関から借金をしていた。

森島輝実は二〇一五年十二月二十五日にも、自分の借金の返済期間が来ていたのだが、ちょうどこの日に二十五歳の被害者の女性は行方不明になっている。そして、被害者の銀行口座から十万円が引き出され、さらに森島輝実はこの日に自分の借金の返済を行っていた。

彼女は被害者の女性を殺して自分の借金を返したのだが、問題はその後だ。彼女の死体が見つかったら、親しくしている自分が疑われるのは絶対に確実だ。そこで、森島輝実はホームセンターに行って折りたたみノコギリ、冷蔵庫、生ごみ処理機、塩酸入りの洗浄液を買って被害者の女性の身体を浴室でバラバラにした。

どのようにバラバラにするかは、遺体を切断する方法を解説したサイトを参考にしたというのは、彼女のパソコンを押収した警察が確認している。

森島輝実は細かく切断した手足をシェアハウスの押し入れの奥に紙袋に入れて隠し、台所の物入れにも遺体の一部を隠していた。

＊

シェアハウスの別の人物が二十五歳の被害者が行方不明になったことを被害者の家族に連絡し、その家族が警察に相談、警察が捜査に入るとすぐに森島輝実の存在が浮かび上がった。警察が森島輝実のマンションを捜索したところ、浴室や冷蔵庫の中から頭蓋骨《ずがいこつ》やその他の身体の一部が出てきた。

浴室には水が張っていて塩酸入りの洗浄液が撒《ま》かれ、その中に皮膚が溶けてドロドロになっ

シェアハウス内のトラブル

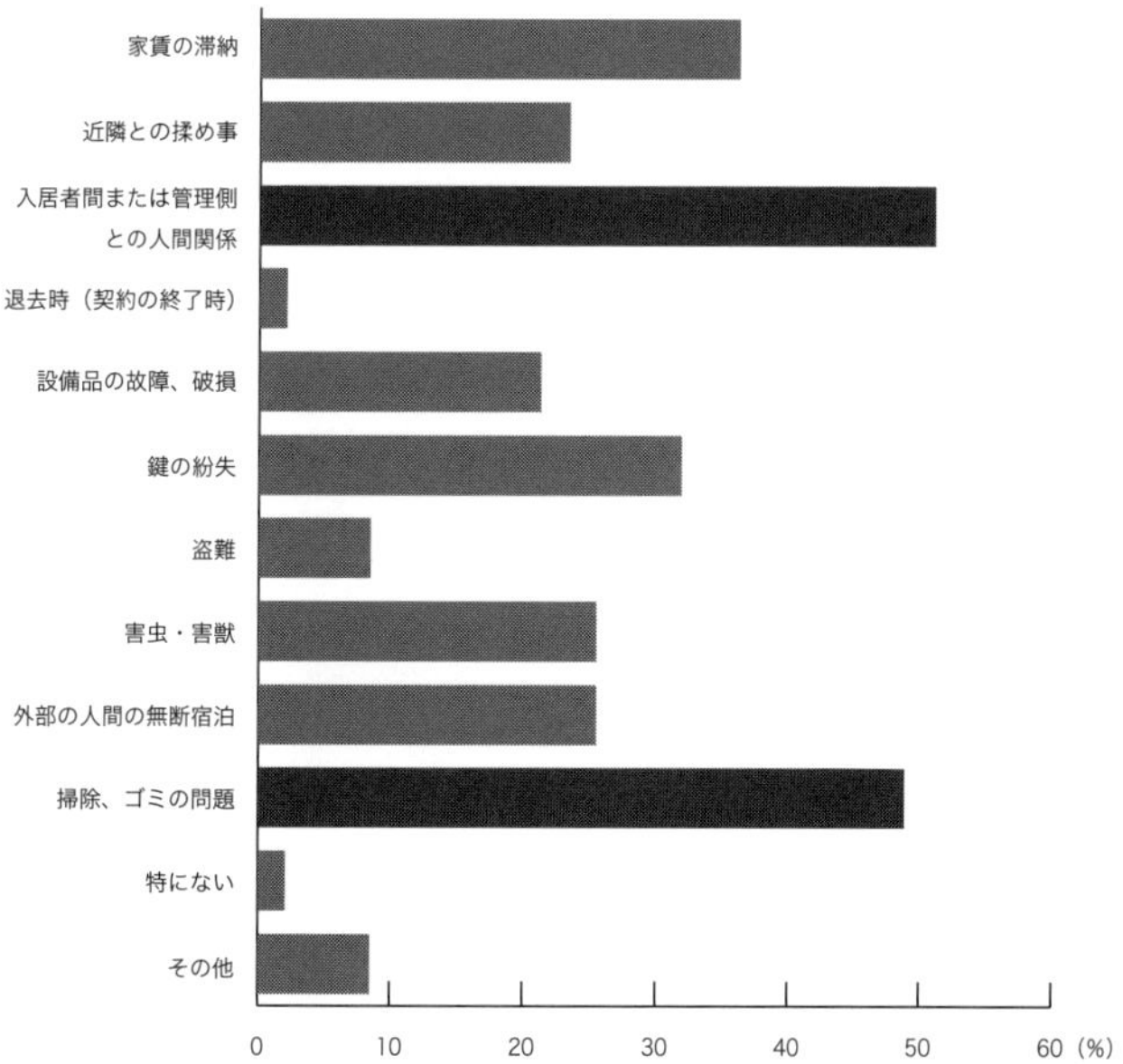

出所：国土交通省　シェアハウス等における契約実態等に関する調査

た頭蓋骨が転がっていた。塩酸で溶かして骨にして処分するつもりだったのだろう。生ごみ処理機も血まみれだったと言われているが、内臓などはこれで処理して処分するつもりでいたようだ。人間をひとり掻き消すというのは大変な作業だ。彼女はそれをやり遂げるつもりだったが、その前に逮捕されて遺体がバラバラに見つかるという凄惨なことになった。

シェアハウスは、まったく見知らぬ人間が同じ部屋で共同生活をするシステムである。そこに犯罪者や変質者や切羽詰まった人間が紛れ込んだ時、何か事件が起きるのではないかと、しばしば言われていた。この大阪府門真市で起きたバラバラ殺人事件は、まさにその懸念を最悪の形で示したものになってしまった。

本来であれば同居の男が女性をレイプするような事件が想定されていたが、女性が女性を殺してバラバラにするとは、関係者の誰もが想定外だったはずだ。しかし、その原因が「借金」であることは、それほど奇異には捉えられていない。シェアハウスは今や貧しい人たちが選択する賃貸契約となりつつある。

「貧しさ」にもいろんなレベルがあるが、その中には借金で苦境に落ちている人がいたとしても何ら不思議ではない。シェアハウスは共同生活であるが故に、共に住んでいる他人が貴重品をどこに隠しているのかをも知る。隙があれば、森島輝実のように勝手に他人の身分証明書を使う人間もいるだろう。

＊

森島輝実は犯罪者気質であったのかと言うと、まったくそうではなく、昔から地味で大人しく目立たない女性であった。間違えても「見るからに危ない」と思われる女性ではない。そんな女性がバラバラ殺人の犯人になった。

大人しく目立たない女性をこれほどまで追い込んだのは「借金」だった。人をアンダーグラウンドの闇に追い落とす大きなきっかけになるのは、いつも「借金」である。ただ貧しいというだけでは、人はなかなかアンダーグラウンドに落ちない。この世は、貧しくとも清く正しく生きる人たちばかりだ。

貧しくても、借金がなければ自分のペースで生きることができるからである。しかし、この貧しさの中で「借金」が加わった時、もう自分のペースで生きることはできない。借金の返済期限は決まっており、その期日に金が用意できていなくてもそれは返さなければならないからである。それを返さなければ、ありとあらゆるトラブルが降りかかる。

毎日のように「返せ、早く返せ、どんなことをしても返せ」と電話がかかってくるようになり、催促の手紙が舞い込み、場合によっては、目の前に恐ろしい口調をした人相の悪い人間も現れて生活を脅かすようになる。

遅延は罰則的な金利が加算されてより借金は膨れ上がる。そのため、大人しい性格の人、真面目な性格の人ほど、追い込まれて自分を見失っていくようになる。何とか返さなければ、何としてでも返さなければ……。そんな焦燥感が募って、どんな手段を使ってもそこから逃れたいと思うようになる。そして、人はアンダーグラウンドに落ちるのである。

追い詰められたのが女性だった場合、「落ちる」というのは風俗や売春ビジネスのことが多いのだが、森島輝実はそうではなく犯罪の方を選んだ。自分と友達でいてくれる二十五歳の女性を、騙《だま》し、殺すしか道はないと思いつめてしまったのだろうか……。

第八章
親が死んでも何もできない

ひきこもりという「無職透明」の人たち

現代の日本では社会とほとんど接点を持たないで生きている人たちがいる。学校にも行かず、あるいは仕事をせず、ただ自室にひきこもって生きている。彼らは「ひきこもり」と呼ばれている。政府が把握しているだけで、ひきこもりは一一五万人以上の数にのぼっている。このひきこもりにもレベルがある。

「普段は家にいるが自分の趣味に関する用事の時だけ外出」「普段は家にいるが近所のコンビニなどには出かける」「自室からは出るが家からは出ない」「自室から出ない」

自分の趣味に関する用事の時だけ外出する人たちを「準ひきこもり」、それすらもできないで自宅にずっといる人たちを「狭義のひきこもり」、その両方を合わせたものを「広義のひきこもり」と呼ぶ。

内閣府は二〇一五年に実施した調査で十五歳から三十九歳までの「若年ひきこもり」は五四・一万人と推計している。しかし、「ひきこもり」が高齢化していることもあって二〇一九年には四十歳から六十四歳までの「ひきこもり」を調査したのだが、その結果六一・三万人のひきこもりが存在することが明らかとなった。すでに、日本の引きこもりは若年層のひきこもりよりも四十歳以上のひきこもりの方が多くなっていたのである。

ひきこもりは七六・六％が男性だ。ひきこもったきっかけで最も多かった理由は「退職」「人間関係」、七年以上ひきこもっている人は四六・七％。働きたいと思っていない人、すなわち社会復帰を望んでいない人は六〇・九％だった。

ここから見えてくるのは、大半のひきこもりが、不登校や失職や人間関係をきっかけにひきこもりに入り、ずっとひきこもっているうちに、もはや社会復帰すらも望まなくなって為《な》すがまま生きている姿である。

＊

日本は一九九〇年後半から急速に就職口が減っていったのだが、それが深刻化したのが二〇〇〇年代に入ってからだ。企業は正社員として若者を採用するのをやめて、どんどん非正規雇用を増やしていった。それによって若者たちは安い給料で働かせられ、景気が悪ければすぐに見捨てられる「使い捨て要員」にされていった。

そんな厳しい時代の中、仕事が見つからないまま最初から親に面倒を見てもらうしかない若者がまずひきこもり化し、次に非正規雇用で働いていて契約が切れて新しい職場が見つからない若者、あるいは正社員で働いていたにも関わらず人間関係で疲れて退職してしまった若者たちがひきこもりの生活に入った。

日本経済はバブル崩壊の痛手から抜け出せずに一九九〇年代を終え、二〇〇〇年代はますます若者が追い詰められる事態となった。非正規雇用が本格化したのが二〇〇〇年代の前半、二〇〇八年にはリーマンショックが起きて金融市場は大混乱して、二〇〇九年からは民主党が政権を担って日本の混乱に拍車がかかった。

三年間続いた民主党は異常な円高を放置し続けた。これが日本企業の競争力を喪失させたので、雇用環境はさらに悪化して、若者の貧困は決定的になってしまったのである。最初は正社員になれれば何とか勝ち組だと言われていたが、やがてその正社員ですらもリストラで放り出される時代が到来した。

そんな厳しい社会の中で、次の仕事が見つからない若年層も中高年も次第に心を病んでいき、気が付けば一部がひきこもりになっていったのだ。

そして二〇一〇年代になると、二十代のうちに生活を成り立たせる仕事や収入を得ることが

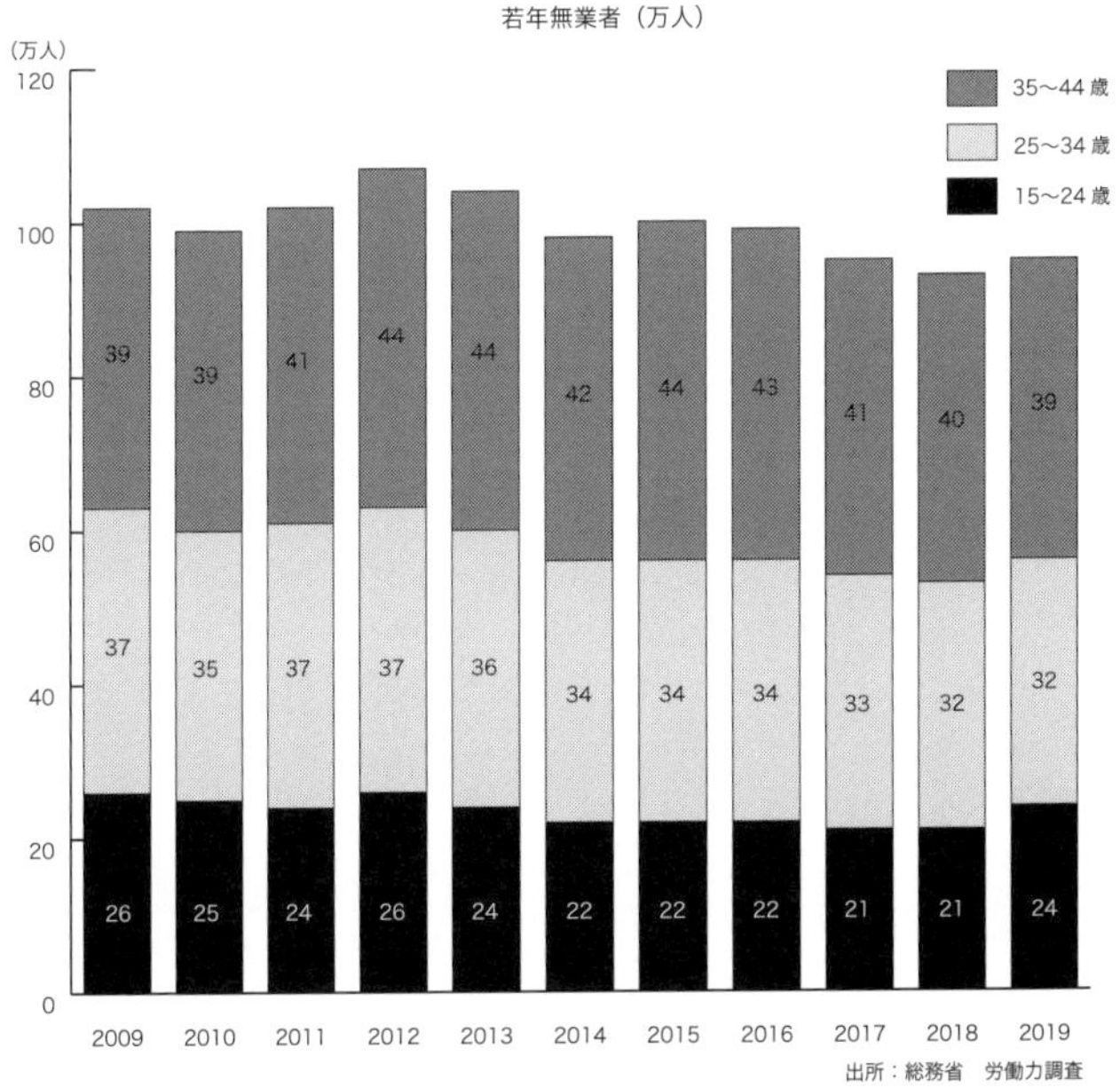

できず、そのまま親に依存したまま三十代を迎えた人たちがとうとう社会経験がないまま四十代に突入してしまった。この頃から親の高齢化と重なって「七〇四〇問題」となり、それがより進んで「八〇五〇問題」になっている。

＊

「八〇五〇問題が深刻化している」と、現場から声が上がるようになっている。八〇五〇問題とは「八十代の高齢化した親と五十代のひきこもりの子供の共に困窮化し、共倒れになる問題」を指す。

一九九〇年代後半の未曾有の就職氷河期にさらされた若者たちの一部は、うまく仕事を見つけることができなかった。彼らの一部は仕事をするのを完全にあきらめて、そのまま「ひきこもり」となっていった。そして、三十代や四十代になっても依然としてひきこもったままだった。そのひきこもった子供を親が面倒を見ていた。

しかし今、その親も高齢化して貯金も使い果たし、親子共に困窮化し、共倒れになりつつある。これが「八〇五〇問題」である。もちろん「七〇四〇問題」もある。これも構造的には同じで「高齢になった七十代の親とひきこもる四十代の子供」の困窮の問題だ。

本来であれば子供が親の面倒を見なければならないはずなのだが、ひきこもる子供は何もしない。最後の最後まで親に依存したままだ。

ひきこもりになって社会の接点を失うと、年齢がいけばいくほど社会復帰は難しくなる。まったく働いたことのないまま三十代や四十代になった無経験・無資格の人間を雇う企業はなかなかない。五十代に突入したらほぼ絶望的だ。

そのため、ひきこもりになった子供の親が高齢化して働けなくなり、年金生活に入ったからと言って何かが変わるわけではない。仕事を探すこともないまま、親が死んでしまうまで親の家の一室にひきこもっているのだ。

ひきこもりは無職であり社会から断絶して外から見えない。まさに「無職透明」の状態だ。そんな人たちがすでに分かっているだけで一一五万人以上いる。それが今の日本の社会である。そして、彼らの「社会的接点のなさ」が浮き彫りになる衝撃的な事件が次々と発生している。

社会接点がなくなった「ひきこもり」の姿

社会接点がなくなって長期間ひきこもると人間はいったいどうなってしまうのか。目の前で起きている問題にまったく対処できなくなる。

二〇一七年十二月、札幌市中央区の築四十年のボロボロのアパートの一階でふたりの遺体が見つかった。このアパートの一室に住んでいた母娘の遺体だった。母親は八十二歳。娘は五十二歳。母親が先に栄養失調で亡くなり、次に娘が餓死していた。

五十二歳の娘は二十代からずっと「ひきこもり」で、母親の年金に寄生してひっそりと生きていた。

母親が室内で栄養失調で死んでも、五十二歳の娘は誰にも助けを求めなかった。救急車にも警察にも電話をしなかった。電話がないのであれば、ドアを開けて隣の人に「母親が死んだ」と伝えれば保護されたはずだ。

ところが、彼女はそれすらもしなかった。彼女はどうしていいのか分からず、死んだ母親を放置したまま部屋にこもり、やがて自分も栄養失調で餓死してしまった。

冷蔵庫は空っぽで、床にはお菓子の袋が散乱していた。調味料も空っぽになっていた。口にできるものはすべて口にして餓死してしまったのだ。

ところが、である。

部屋には現金が九万円残されていた。所持金が一円もなかったわけではない。彼女はそれを持って外に出て買い物をすれば食べ物を買えたのだ。しかし、彼女は部屋にひきこもったまま餓死してしまった。

＊

二〇一八年八月。アパートで異臭がするという匿名のメールが寄せられて警察官が調べたところ、長崎市小島二丁目の小さなアパートの一室で七十六歳の女性が死んでいるのを発見した。

そして、死体と同居していた四十八歳の息子が死体遺棄《いき》で逮捕された。

この四十八歳の息子も「ひきこもり」だった。母親の年金で細々と暮らしていたのだが、アパートのまわりには大量のゴミを放置して近所トラブルになっていた。部屋の中もゴミだらけで七十六歳の母親はゴミの中に埋もれた状態で死んでいたのだった。この四十八歳の息子は、母親が死んでもやはり警察にも救急車にも連絡せず、近所の人が匿名でメールをするまで何もしなかった。

二〇一八年十一月五日。神奈川県金沢区の団地で四十九歳の男が死体遺棄容疑で逮捕されていた。この男は七十六歳の母親と一緒に暮らしていたのだが、母親が死んだのを二週間近くも放置して、ただ自宅にひきこもっていた。

この男には妹がいたのだが、妹に連絡を取ることもなかった。団地に住んでいたのだから、やはりドアを開けて隣の人に助けを求めればいいだけなのに、それもしなかった。この男は一度も働いたことがなかった。ずっと母親が面倒を見ていた。

母親が台所で倒れて死んだので、男は母親を部屋に運んだ。三日もすると腐敗臭《ふはいしゅう》がするようになったので、男は母親の鼻や口にティッシュを詰めた。

それから二週間、母親が腐っていくのをじっと見つめて何もしなかった。

この男は四十年間ひきこもって誰とも話せなくなってしまっており、警察とも筆談でやりとりしなければならないほどひどい状況だった。その筆談の中で「母が死んだのは分かったが何もできなかった」と話した。

二〇一八年十二月二十六日。千葉市稲毛区で七十一歳の母親の遺体を十ヶ月も放置していたとして四十五歳の男が逮捕されていた。母親の遺体は白骨化していたが、白骨化するまでこの四十五歳の息子は何もしなかった。

この男もまた「ひきこもり」だった。

＊

失業、退職、挫折などで社会から逃げるように部屋にひきこもり、それを親が面倒を見る。十年経ち、二十年経ち、やがて三十年経つ。親は歳を経て動けなくなる。しかし、ひきこもりの子供はまったく何もしない。

社会に出て仕事をしようとする気力があるかないかの前に、あまりの長いひきこもりのせいで、もはや「何もできない人間」と化してしまっている。

ひきこもりの状態になってからの期間（2019年3月調査）

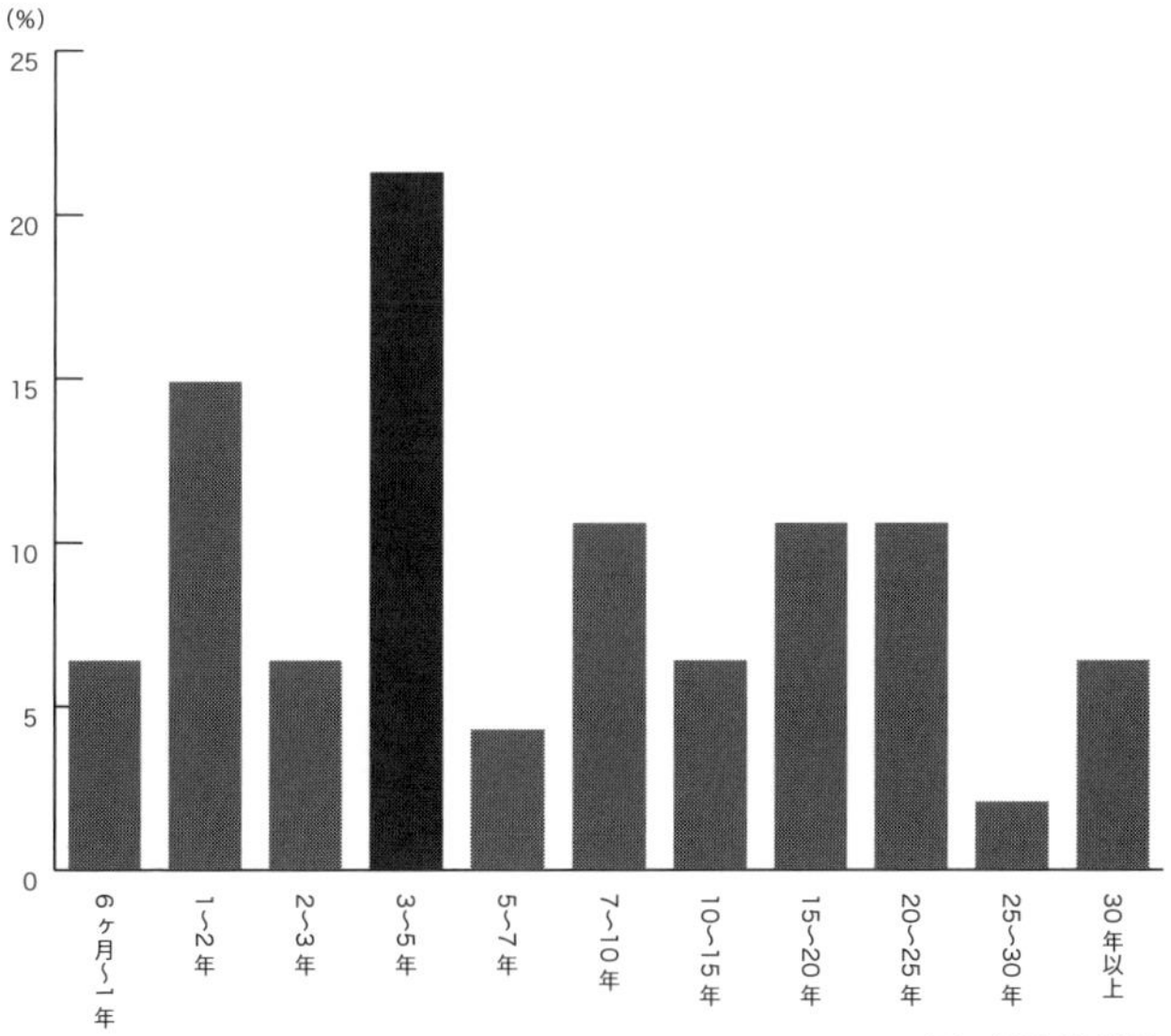

出所：内閣府政策統括官
生活状況に関する調査報告書

その「何もできない」という度合いは私たちが考えている「できない」とはレベルの違う次元にある。本当の意味で「まったく何もできない人間」になってしまうのである。それが究極的な事件として現れているのが「死体遺棄《いき》」だ。

自分を養ってくれている唯一の存在である親が死ぬ。目の前に遺体がある。普通の人であれば、その瞬間に警察に電話するとか救急車を呼ぶとか、隣近所に助けを求めるとか、自分にできることを何とかしようとする。

ところが「まったく何もできない

人間」は、本当に何もしない。助けを求めるというのはすべて外界と接触するということなので、それができないのである。

どうするのか。最後の最後まで何もしない。親の亡骸《なきがら》が腐り始め、凄まじい異臭を放つようになっても何もしない。途中で外の誰かが気づくと死体遺棄で逮捕されるのだが、そうでなければどうなるのか。自分が餓死するとしても何もしない。

それほど何もしない。いや、何もできない。数十年も社会と断絶し、接点が親だけになってしまった「ひきこもり」の救いのなさがここにある。

＊

兵庫県明石市二見町で、七十六歳の母親が四十九歳の長男に殴り殺された事件があった。この長男は仕事もしないで家の中でぶらぶらして過ごし、母親の年金に寄生して生きていた男だった。

早い話がこの男も「ひきこもり」だった。働こうとせず、自立しようともせず、ただ老いた母親にすがっていた。それならば母親に恐縮して大人しくしているべきだが、それもない。母親を奴隷か家政婦のように思っていた。

この四十九歳の働かない息子は「食事を作らなかったので腹が立った」ので、七十六歳の母親の顔を拳で殴った。働かないでぶらぶらしている息子が食べさせてもらっている母親を殴るのだから、頭がどうかしている。結局、それが元で母親は死亡した。

ところで、その一ヶ月前にはよく似たような事件があった。

奈良県香芝《かしば》市で起きた事件だったが、八十一歳の母親の年金に寄生して生きていた五十五歳の男が、死体遺棄の疑いで逮捕されていたのである。八十一歳の母親が台所で倒れて死んだのだが、五十五歳の無職の息子はそれをそのまま五日間放置して暮らしていた。

この男も完全にひきこもって母親に食べさせてもらっている子供だった。ずっと無職で社会から縁が切れていた。そして、死んだ母親をどうしたらいいか分からずに五日間も放置していたのだった。異常極まりないのだが、ひきこもりを巡る事件では、往々にして遺体の放置が見られる。あまりに長いひきこもりで完全に「生活無能力者」になっていることが分かる。

何をどうしたらいいのか分からずに逃げたという事件は大阪市西淀川区でも起きていた。八十一歳の母親が布団の中で死んでいたのだが、無職の五十一歳の男は「どうしたらいいのか分からなかった。動転した」として、放置したまま逃げていた。これが「八〇五〇問題」である。完全に「生活無能力者」になった子供たちの姿がここにあるのが見えてくるはずだ。

社会接点がなくなってしまうと、最後にはこのようなことになる。親が死んでも腐っていくのを見ているだけで何もしない。できない。そんな事態が日本の社会のどん底で大量に発生しているのである。

「勝手に親の都合で産んだ」という正当化

「ひきこもり」に陥《おちい》ると後はひたすら親に依存するしかなくなる。すでに心が折れて、ひきこもって社会との接点を見失う。親の庇護《ひご》から抜け出せなくなってしまい、完全に依存状態となる。こうした人たちが一一五万人以上いるというのは、今の日本である。

成人しても親に依存した状況が続くというのは、言ってみれば「親から生活保護を受けている」のも同然だ。彼らは収入を得られず自立もできない。そのため他者に面倒をみてもらうしかない。しかし、彼らは彼らなりの理由でひきこもりをする自分を正当化する。

たとえば、二〇一九年六月一日に東京練馬区の自宅で七十六歳の親に刺殺された四十四歳のひきこもりの息子は、親に面倒を見てもらう理由をこのように言い残していた。

「勝手に親の都合で産んだんだから死ぬ最期の一秒まで子供に責任を持てと言いたいんだ、私は」

これが、四十四歳のひきこもりの息子が親に依存する理由だった。親は勝手に産んだのだから最期まで面倒をみろ、というのが彼の主張だったのだ。

世の中は決していつも順風満帆なわけではないので、失業や病気や事業の失敗や家庭の問題や不景気などで自分の人生がどん底《ボトム》に転がり落ちることもある。そんなときは一時的に生活保護や親の庇護に頼るのは間違っていない。人生を再建させるためのセーフティーネットは利用しなければならない。

しかし、それはあくまでも「一時的なもの」であり、保護や庇護を永久に受け続けるというのは間違っている。そうなっているのであれば、それは憂慮すべき状況でもある。ところが、生活保護や親の庇護で生きることを正当化する理由を見つけ、それを続けることが「うまくやっている」という評価になることもある。そう考える人が一部にいるのだ。

ひきこもりや生活保護を受けている人を見て「人生うまくやっている」と思う人がいるというのは驚くが、他人に依存して生きている人々の世界では、依存状態を成り立たせているというのは「うまくやっている」ということなのである。

＊

親に依存してひきこもりのようになって生きている人たちも、その期間が長くなればなるほど「うまくやっている」という捉え方をされるようになる。しかし、他人に依存して生きるというのは長い目で見ると、良い生き方ではない。自分が本来持っている人生の「可能性」や「能力」や「生存本能」を白ら失ってしまうことになる。

生活保護や親の庇護に頼り続ける生き方が、結果的には「うまくやっている」ことにならないのは、それによって多くのものを失うからだ。では、いったい何を失うのか。まずは、「自分の人生を自分で切り開く」という大切な能力を失う。世の中で生きていくというのは、誰にとっても容易なことではない。

他人に足元を見られることもあれば、屈辱《くつじょく》にまみれて傷つくこともあれる。大失敗して大金を失うこともある。うまく結果が出せないこともあれば、批判を浴びることもある。誰もが生きる中で傷だらけになり、泥まみれになる。それでも必死で突き進んでいく中で耐性がつき、何とか自分の足で立ち続けることができるようになる。

ひきこもりになったきっかけ

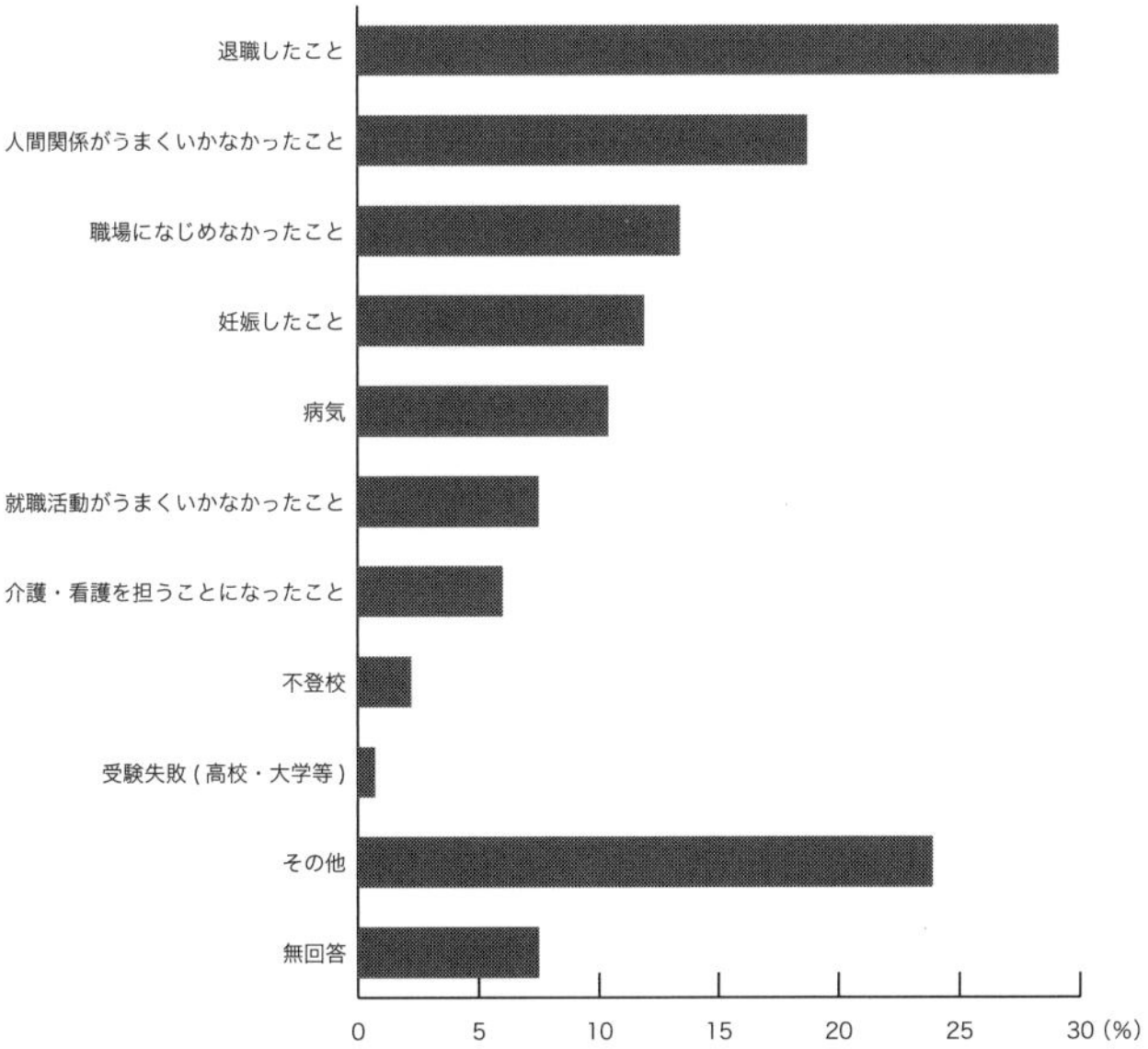

出所：内閣府　生活状況に関する調査・平成30年度

ところが、生活保護や親の庇護の中にあり続けると、「自分の人生を自分で切り開く」という大事なスタンスが失われて、その結果自分では何もできなくなってしまうのである。

失うのは他にもある。それは「向上心」だ。他人に依存したり寄生したりして生きている時、自分が向上心を持ってしまったら、「もう独り立ちできるだろう」と思われて、援助や支援を打ち切られる可能性がある。だから、下手に向上心などを持てないという防御本能が働く。

いつまで経っても「向上できてい

ない」と思われることが依存や寄生を長引かせるコツになるので、向上心を持たないということが生き残りになるのだ。確かに、それで依存や寄生を長引かせることに成功する。しかし、それによって自分の人生を自分で切り開いていくという自立から遠のき、結果的に自分の首を絞めることになる。

＊

バイタリティーも喪失する。他人に依存している人がバイタリティー溢れる姿を見せていたら、「そんなに元気なら大丈夫だろう。自分で働け、自分で生きろ」と言われるのだから、バイタリティーある姿は他人に見せられない。バイタリティーのないことが他人に依存や寄生をしている人の正しいスタンスとなる。

生活保護や親の庇護を受け続けることが人生の目的になってしまうと、自分の人生を他人に委ねることになる。そして、自分自身の人生の自由を失う。自分の生活を自分で成り立たせることができないのだから、自分の夢を追うことも、自分が本当にやりたいこともできない。行きたいところに自由に行くことも、欲しいものを自由に買うこともできない。

人を好きになることもできないし、仮に人を好きになってもその人と一緒になるという基本的なこともできなくなる。恋愛の自由さえも消えてしまうのだ。生活保護や親の庇護を受け続けるというのは、「自分では何もできない」というのが当たり前になり、問題解決能力をも喪失してしまうことにつながる。

それは、行政の都合や親の都合によって自分の人生が決められるということであり、自分の人生なのに自分で何かを決めることすらもできなくなるのだ。

自分の人生なのに、自分に決定権がない。それは悲しいことでもあり、危険なことでもある。常に何かに押さえ付けられているような感覚に陥り、「何かが足りない」という不満がずっと解消することができないだろう。そんな中で生きなければならないのだから、充実感も幸福感も感じないはずだ。

こうした状況が続くというのは、結局のところ自分の人生を自分で破壊することにつながるわけであり、「何もしないでお金がもらえるのが羨ましい」とか「何もしないで親に食わせてもらえて羨ましい」という話にはならない。

依存や寄生は、面倒をみなければならない側も次第に大きな負担を感じるようになり、やがて支援する側をも追い詰めることになる。生活保護や親の庇護に頼るのは、本来は「ない」のが望ましい。あったとしても一時的なものに限るのが正しい姿だ。それが長引けば長引くほど、悪影響が広範囲に広がっていく。

生活保護やひきこもりの人を見て「うまくやっている」と思う人がいるが、それは大きな間違いだ。そんな風に考えていると、自分の人生を駄目にする。成人しても自分の力で生きていけないというのは、当事者にとっては常に悲劇なのである。

こうした悲劇が具現化したのは、二〇一九年五月二十八日に神奈川県川崎市登戸で起きた事件だったかもしれない。十年間ひきこもりをしていた男が、スクールバスを待っていた小学生らを次々と包丁で刺して十九人を死傷させるという衝撃的な事件だった。

＊

犯人は川崎市麻生区に住む五十一歳の男で名前を「岩崎隆一」と言った。岩崎隆一はそばにいた人間や子供たちを次々と刺した後に自分の首を掻き切って自殺した。後で分かったのだが、この男は両手に持っていた包丁二本の他に、リュックにも二本の包丁が準備されていたのが判明した。犯行当時は丸刈りにして手袋もしていた。前もって準備して、わざわざ自宅から登戸駅まで行って、そこで犯行を行っている。衝動殺人ではなく、計画殺人だった。

それにしても、なぜ十年間もひきこもりをしていた男が、こんな凄惨な通り魔事件を引き起こすことになったのか。

岩崎隆一は、六歳前後の頃に両親と離れて、以後は伯父夫婦と暮らすようになったのだが祖父・祖母に厳しく当たられて、十代後半で家を出て社会の片隅を転々として暮らしていた。しかし、四十代の頃に伯父夫婦の家に転がり込んで、以後十年間をひきこもりとして暮らしていた。

協調性がなく、行動が変わっていて癇癪《かんしゃく》を起こしやすく、誰ともうまくいかない性格であった。たまに外出すると「伸びた葉っぱが当たった」と隣家に何度もドアホンを鳴らして怒鳴り込む。そんな男だった。

伯父夫婦の家ではずっと窓は閉めっきりで、伯父夫婦ともほとんど話さないで暮らしていた。たまに伯父夫婦に小遣いをもらってぶらりと外に出かけるが、ほとんどは引きこもって一日を過ごした。

伯父夫婦はそれでも黙って岩崎隆一を養っていたが、この伯父夫婦も八十代に入って介護ヘルパーを家に入れることを考えるようになったのが二〇一八年のことだ。しかし、他人を家に入れることで岩崎隆一がどのような反応を示すのか分からないので、伯父夫婦とは別の親戚が川崎市に相談していた。

そして二〇一九年一月、伯父が川崎市の助言に従って手紙で岩崎隆一に問いかけたところ、岩崎隆一は叔母に「自分のことはちゃんとやっている。食事も洗濯も自分でやっているのに、ひきこもりとは何だ」と怒った。しかし、伯父夫婦は高齢化して介護も必要になってきて、自分のひきこもり生活がいよいよ終わりに近づいていることを岩崎隆一は悟ったようだ。

そして、五月二十八日。岩崎隆一は事件を引き起こすことになった。社会にうまく適合できず、どうしようもなくなってひきこもり、鬱屈《うっくつ》とした感情を抱えて苦しみ、そして激しく「世の中」を恨むようになっていた。

その正確な精神状態は岩崎隆一本人にしか分からないので推測でしかないのだが、岩崎隆一は「このままでは自分は放り出されて行き場がなくなり、どうしようもなくなってしまう」という焦燥感や閉塞感があったとしても不思議ではない。そして、この男の心の中には社会に対する暗い怒り、うまくやっている人間たちに対する嫉妬、そして破壊衝動が渦巻いていたはずだ。具体的に言うと、このような自暴自棄の感情ではなかったか。

「こんな世の中はめちゃくちゃに破壊してやりたい」

「めちゃくちゃにして死んでやる」

　自分を受け入れなかった社会に対する怒りと復讐。もしかしたら、それが突如として連続殺傷事件を起こした動機だったのかもしれない。ひきこもりの生活から自立へと向かう道筋は岩崎隆一の中になかった。岩崎隆一は遺書を残さなかった。十年間のひきこもりを終わらせるために十九人を死傷させる必要はあったのか。真意は闇に葬《ほうむ》られて消えた。

第七章 貧困ビジネス

ホームレスという見えない存在

ネットカフェに泊まることもできず、ひきこもることもできず、生活保護を受けることもなく、路上を転々として生きている人たちがいる。ホームレスだ。新宿駅周辺では今でもホームレスが路上で寝ていたり、物乞いをしている姿を見かけたりする。かなり年季の入った格好のホームレスもいる。

しかし最近は、テントを張って寝ているホームレスは少ない。テントを張るとすぐに撤去されるからだ。二〇一〇年代初頭までは新宿区立中央公園にも多くのホームレスが集まっていたが今はいない。規制が厳しくなって追い出されている。

厚生労働省は二〇一八年一月に四九七七人のホームレスがいると報告している。ただ、行政の調査は昼間の調査であり実態を反映していないことはよく知られている。ホームレスは夜になると倍増する。

それに普段はどこかの宿や施設に泊まっているが、時々ホームレスに落ちるという人も行政の調査では捕捉されていない。そうした人たちを含めると東京でも二万人以上のホームレスがいるのではないかというのが実態を知る人たちの推測だ。

日本で最もホームレスが多いのは東京だ。そして、この東京で最もホームレスが集結しているのが新宿である。新宿にホームレスが集まるのは、新宿には飲食店が密集しており、多くの廃棄食品が出るからだ。大都会はホームレスにとって生きやすい。

大阪も事情は変わらない。東京に次いでホームレスが多いのはこの大阪である。真夜中に道頓堀を歩くと、あちこちに泥と埃《ほこり》まみれになったホームレスが寝ていたりゴミを漁《あさ》っている姿を目にする。やはり、道頓堀の各飲食店から出る膨大なゴミがホームレスたちにとってのライフラインとなっている。西成区のドヤ街である「あいりん地区」に次いでホームレスを見かける場所でもある。

ホームレスの若者は存在する。しかし、数は少ない。ホームレスのほとんどは高齢者である。ドヤ街にいるホームレスも、東京の新宿、大阪のミナミにいるホームレスも、高齢者がほとんどだ。日本は少子高齢化社会に入っているのだが、ホームレスも完全に高齢化していたのである。

＊

この実感は、実はデータによっても裏付けられている。二〇一七年九月に厚生労働省は『ホームレスの実態に関する全国調査』を出しているのだが、これを見ると全国で五一四〇人ほど確認されているホームレスの圧倒的多数は六十代であることが分かっている。内訳は以下の通りだ。

二十代　〇・六％
三十代　二・八％
四十代　八・九％
五十代　二二・〇％
六十代　四六・〇％
七十代　一八・二％
八十代　一・五％

六十代以上という括《くく》りで見ると、それだけで六五・七％なのだから、ホームレス問題は言ってみれば高齢者問題であるというのが分かる。彼らはいつからホームレスをやっているのか。統計では十年以上が三四・六％で最も多い。五年から十年がその次に多く二〇・五％である。つまり、五年以上ホームレスをやっている人たちで五五・一％だから半数を占める。

途中でドヤ、飯場、ホテルに泊まっていた人もいるのだが、六四・〇％はずっと路上生活をしている。ホームレスは高齢者が多く、しかも長くやっているというのが統計データから見えてくる。

彼らは仕事は一切していないのか。いや、彼らも仕事を持っている。五五・六％のホームレスは実は仕事を持っている。その仕事で最も多いのは廃品回収である。アルミ缶・段ボール・粗大ゴミ・本集めなどが主な仕事だ。

他にも彼らができる仕事には、建設日雇、運搬業務、引っ越し業務、看板持ち、チケット並び、雑誌販売などがあるのだが、それぞれ体力の必要な仕事だ。ホームレスの六五・七％は六十代以上の高齢層なのだから、かなりキツいだろう。そんなキツい仕事をしても、六四・三％は五万円未満である。

高齢層ならば年金をもらっているのか。いや、九〇％近くのホームレスは年金がもらえる年代であっても年金をもらっていない。

＊

一流企業を失職してどうにもならなくなった男性が、最後にホームレスになったという転落話を私たちはしばしば聞く。

あるいは、ホームレスになる人々の中には、自営業をやっていて多額の負債を抱えたまま会社を倒産させてしまったとか、パチンコや公営ギャンブルにハマって多重債務者になったとか、そういった経歴の人間もいる。しかし実際にホームレスを構成する大多数はそうではなく、別の人生のストーリーを持っている。

それは「若い頃からずっと肉体労働をしていたが勤め先の倒産、失業で次の仕事が見つからなかったり、仕事そのものが減ってしまったり、身体を壊したりしたのをきっかけに働けなくなり、ホームレスにまで落ちた」というものだった。

厚生労働省は「初めて路上（野宿）生活をする前にやっていた仕事」も調査しているが、全体を見ると四五・九％が「建設・採掘従事者」であったことが分かっている。他に多かったの

東京都路上生活者概数（平成30年）

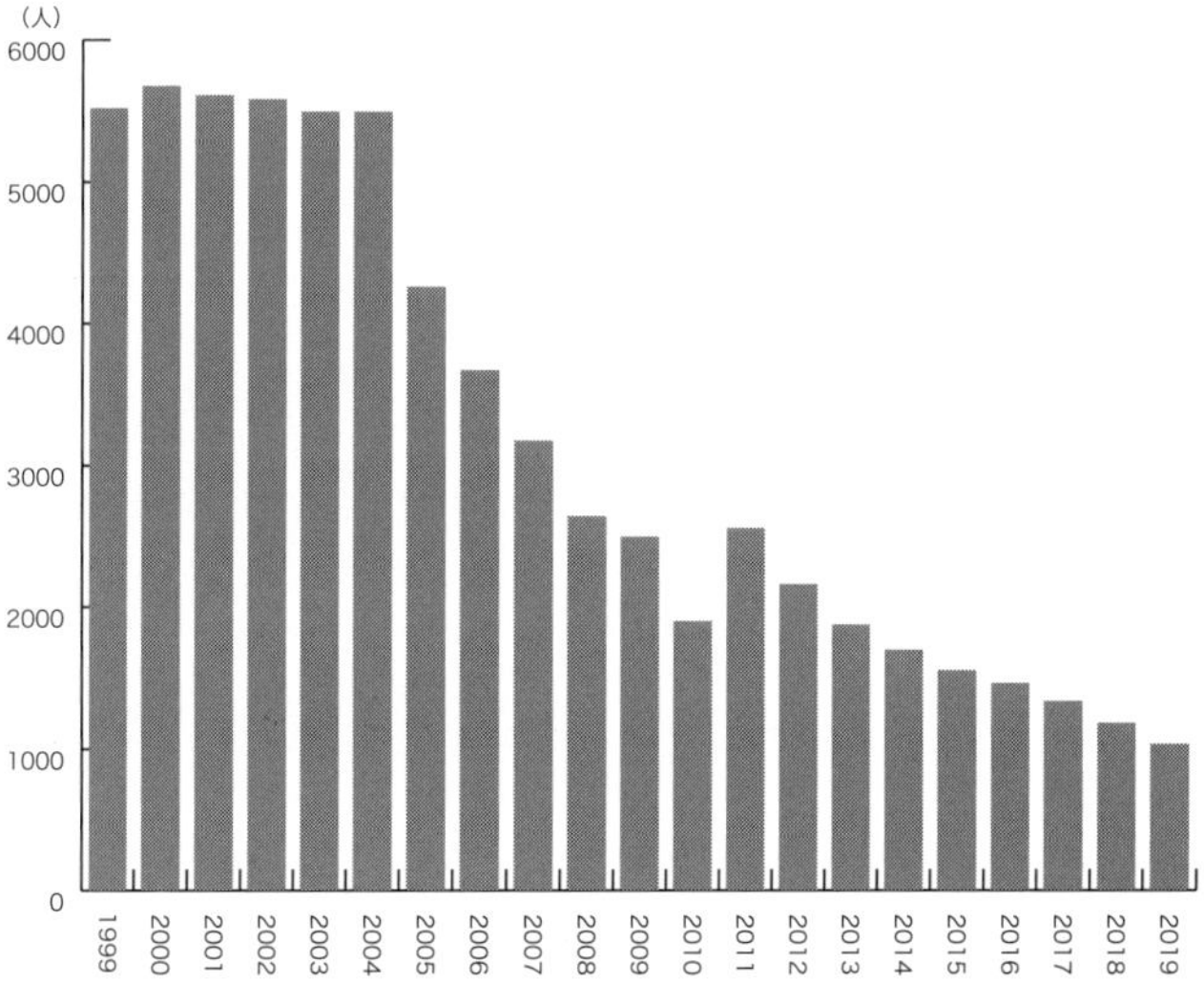

出所：厚生労働省
ホームレスの実態に関する全国調査（概数調査）

は、「輸送、機械運転従事者」と「運搬・清掃・包装等従事者」である。どれもつらい肉体労働だ。

　あくまでもホームレスで大多数を占めるのは、こうした肉体労働をしていた人たちの生活破綻である。建設作業員などは社員であっても日雇い労働者に近く、すぐに失業し、怪我をしたり身体を壊したりする確率も高い。そうなると途端に生活に窮する。

　人間だから病気になったり、怪我をするのは誰にでも起こり得ることだ。そして、年を取れば取るほど身体が言うことを聞かなくなっていく。ホームレスを構成しているのが「五十五歳以上が全体の七割以上を占める」ということは、肉体労働は五十五歳が限界だというひとつの証明になっている。

こうしたホームレスの二四・一％は腰痛で苦しんでおり、二四・九％は歯が悪い。一二・九％はめまいを感じ、一二・一％は皮膚のかゆみや発疹に苦しんでいる。

＊

その昔、私は一九八〇年代に東京都台東区の三ノ輪《みのわ》駅から南に下って入って「山谷《さんや》」に何度か足を踏み入れていたのだが、そこはホームレスだらけで舗道を横切るようにして彼らが寝ていた。街はホームレスと労働者で埋め尽くされていた。横浜の寿町も同様で街は荒《すさ》んでいた。

一九九〇年代は上野公園でも新宿中央公園でも本当にホームレスが多かった。新宿の西口の地下道もホームレスだらけだったが、青島幸男元知事が行った強制排除とその後の地下道の改装でホームレスはまったく見なくなった。ここで排除されたホームレスの大半は新宿中央公園に移動したということなのだが、今ではこの新宿中央公園でさえもホームレスがいなくなっている。

東京でも大阪でもホームレスは、かつてに比べると確かに減った。二〇〇七年の調査では、厚生労働省の職員の目視でカウントされたホームレスは一万八五六四人だった。これが二〇一七年には五五三四人にまで減少している。ざっと見ても約七〇％もの減少だ。

バブル崩壊以後、日本の社会のどん底《ボトム》では格差がどんどん開き、日本人全体が収入が減り、貧困層が増えているのだが、あからさまなホームレス自体は減っている。

ホームレスは「公園」「河川敷」「道路」「駅舎」で起居しているのだが、最も多いのは一貫して「河川敷」である。しかし、河川で寝ているホームレスも「憩いの場を不法占拠している」という理由で追い出されている。しかし、追い出されたら、ホームレスは自立に向けて立ち上がっていったのだろうか。

いや、そうではない。自治体の職員は、こうしたホームレスを今、片っ端から「緊急一時宿泊場」や「ホームレス自立支援センター」に押し込んでいる。そのため、統計に記録されないようになっている。さらに、かつてのドヤ街であった東京の山谷、横浜の寿町、そして大阪のあいりん地区のようなところでもホームレスが減っているのだが、それは行政とは違う理由がそこにある。彼らが減ったのは、日本の福祉が充実しているとか、行政の努力の賜物《たまもの》だとか、そんな美しいものではなかった。

彼らの存在そのものがメシの種になったからだ。

ホームレスを「メシの種」に

今の日本では、ホームレスを「メシの種」にする貧困ビジネスが横行するようになっている。ホームレスを無理やりドヤに収容し、彼らに生活保護を受けさせる。ドヤに住まわせる代わりに、その生活保護費のほぼすべてを毟《むし》り取る。このようなビジネスがスタンダードになった。

東京の「山谷地区」、大阪の「あいりん地区」、横浜の「寿町」と言ったドヤ街へ実際に行ってみるとわかるが、どのドヤ街も宿泊施設をよく見れば、そういった貧困ビジネスを手がける宿が林立していることに嫌でも気づく。

昨今の生活保護受給者の増加はもはや半分以上が高齢者になっているのだが、この中には高齢ホームレスを無理やりドヤに詰め込んで生活保護を略奪する貧困ビジネスがドヤ街を席巻していたのだ。

現代はホームレスでさえ金儲けの手段にされていて骨までしゃぶられている。何のことはない、かつて路上で寝ていたホームレスは、カネのために貧困ビジネスをする業者が引き取っていたのである。

これらの業者はホームレスが餓死しない程度に生活保護受給金からわずかな金額だけを与えて、残りは自分たちのものにする。ドヤのひとつの部屋に押し込めるだけ押し込んでコストを削減し、どんどん頭数を増やして儲ける。ホームレスはそういったところに吸収されて、数を減らしていた。

ホームレスが減ったという厚生労働省の統計をそのまま「良いことだ」と思ってはいけないのは、こうした「あこぎな貧困ビジネス」の結果としてホームレスが減少している事情が、いっさい考慮されていないからだ。

＊

かつてのドヤ街のほぼすべての簡易宿泊所は、入口の目立つところに「福祉の方、歓迎」という看板を出して、生活保護を受けている貧困の労働者たちを取り込んでいる。あるいは暴力団の関係者がこうした労働者を集めて「寮」や「施設」や「ホーム」という名のタコ部屋に放り込み、生活保護を受けさせてそれを宿賃という名目で大半を搾取するようなビジネスをしている。
労働者を囲い込んで生活保護費だけを搾取するので、こうしたビジネスを手がける人間たちのことを「囲い屋」と呼ぶこともある。彼らはホームレスをしている人たちを見つけると、親切を装って、あるいは心配しているフリをして「宿に入って生活保護を受けて暮らさないか?」と声をかける。

本当のボランティアでやっているNPO団体もいるし、善意で動いている宗教団体や福祉団体も多い。炊き出しをしたり、食べ物をひとりひとりに配ったり、相談に乗ったり、然るべき施設を紹介したりしてホームレスの人々に寄り添って動いている。「囲い屋」たちも同じようなことをして、善意で動いているように見える。

しかし、最終的な目的はまったく違う。「囲い屋」たちは、囲い込んだ人間たちの生活保護費の大半を奪い取って、二万円程度を本人に渡すだけである。つまるところ、大部分は囲い屋が奪う。最初から、生活保護費の搾取が目的なのである。

普通の人は、生活保護費は貧しい人たちにきちんと全額が渡っているはずだと思っている。社会の「どん底《ボトム》」では、そうではない。生き馬の目を抜くような人間どもが、貧困者を利用して私たちの税金を奪い取っていく。ずいぶん前から、そのような貧困者をターゲットにして行

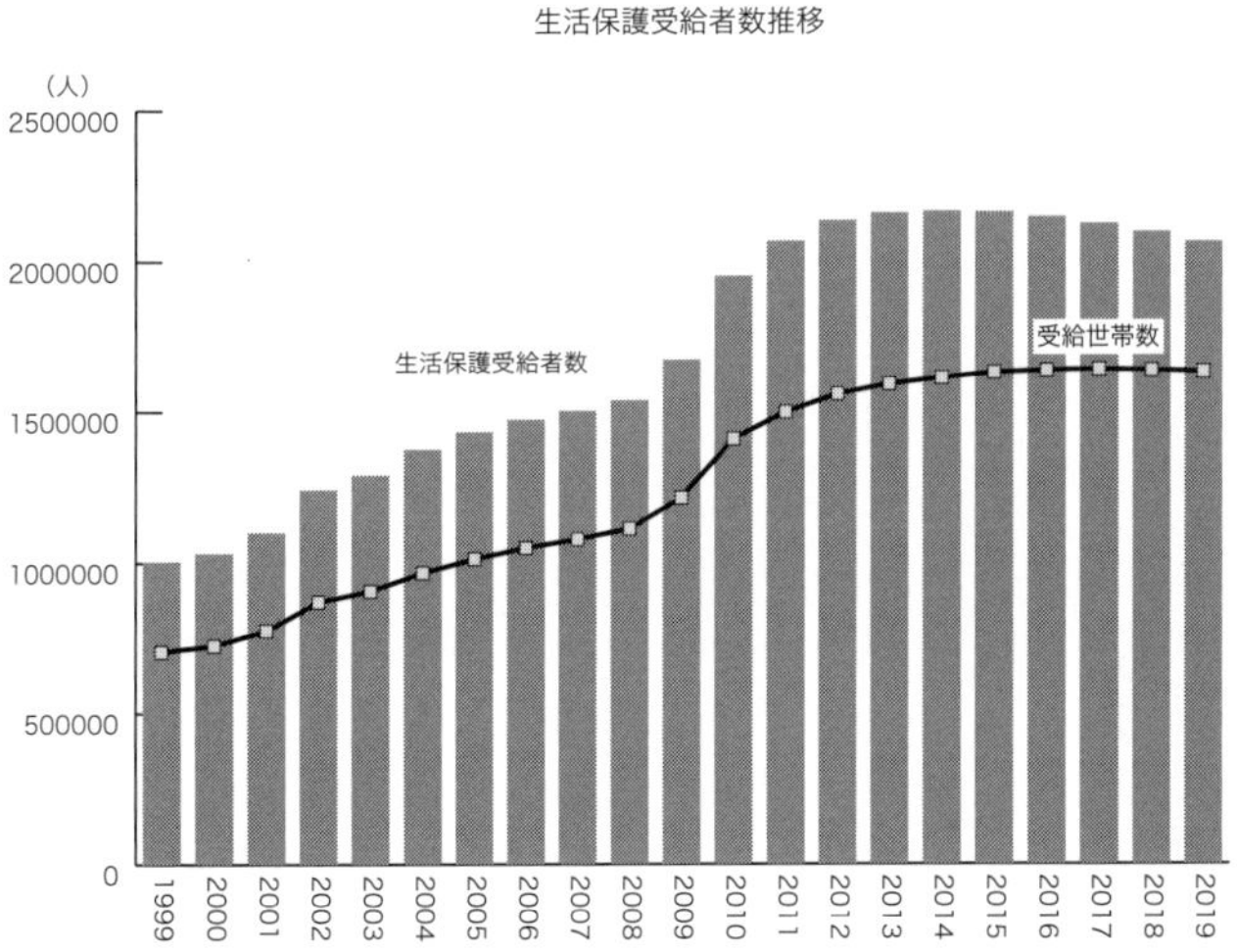

出所：厚生労働省　被保護者調査

うビジネスが為《な》されるようになっている。「労働者に生活保護を受けさせて、それを搾取する」というのは、貧困ビジネスの基本になっているのである。

＊

貧困層に生活保護を受給させるのは別に違法でも何でもないし、その貧困層に宿を貸してカネを取るのも違法ではない。生活保護費の搾取は、やっていることは搾取なのだが合法と違法のスレスレを渡っているので、摘発はよほどの違法行為が他になければなかなか難しい。

だから、こうした違法な貧困ビジネスは、

社会のどん底で蔓延《まんえん》して大きく広がろうとしている。実のところ、表社会もこれを黙認している。なぜなら、方法はともかくとして、貧困ビジネスのお陰で「ホームレスが見えなくなった」からである。

ホームレスが街に溢れるくらいなら、彼らをどこか見えないところに囲い込んで「飼い殺し」してくれていた方が良いと思っている。意識的にも無意識的にもそうだ。ホームレスを好む人は少ないし、普通の人たちはあからさまにホームレスを排除して欲しいと考えて、排除するように行政に働きかけている。

それは実現したのだ。行政が生活保護費をホームレスに支給し、「囲い屋」がホームレスを片っ端から寮・施設・ホームという名の隔離場所に押し込み、そして生活保護費を搾取することでホームレスが見えない社会になった。

ちなみに、救済をするような顔をして別の目的でホームレスに近づいてくるグループや団体は他もある。信者が欲しいカルト教団、票が欲しい政治団体がそうだ。本当に貧困層の味方として、粉骨砕身する素晴らしい人がいる一方で、実は救済の見返りを得るために貧困層を利用しようとしてやって来るいかがわしい人間や組織は社会の裏側には山ほどある。

他にもホームレスの救済をする個人や団体の中には、あからさまに「売名行為」をしているとしか思えないような団体や人間もいる。「貧困問題に取り組んでいる」というのは売名のネタだったりすることもあるのだ。

＊

ホームレス問題に取り組みながら、ホームレスを利用しているとしか思えないような政治団体は一つや二つではない。数多くある。純粋なボランティアではない。これらの政治団体がホームレスに着目しているのは、いろんな意味でメリットが存在しているからだ。

・問題をすべて与党のせいにして攻撃できる。
・政権攻撃で焚《た》き付けることができる。
・暴動や社会騒乱の人数合わせに使える。
・生活保護を取らせて、それを搾取できる。
・票を集めることができる。

結局、ホームレスは与党攻撃や会費獲得や票獲得のために「利用される」のである。これも、一種の貧困ビジネスと言えなくもない。ちなみに、こうした党の幹部は、小学校よりも敷地の広い豪邸に住んでいたり、夜寝るときはピアノでショパンを弾いて優雅な時間を過ごしたりして優雅に暮らしていたりする。

いろんな人間や組織が貧困に着目しているのは、日本に貧困が定着したので、いよいよ搾取的な貧困ビジネスが本格始動できる状況になったからである。彼らは貧困問題を解決しない。逆に、ホームレスから奪う。そんなあこぎな貧困ビジネスが、これから日本で伸びていく。

しかし、普通の人たちは別にホームレスが置かれている環境に関心があるわけではないし、裏側でこうした実態があったとしても街にホームレスが溢れるよりはマシなので黙認しつつ放置する。それほど、ホームレスに「いて欲しくない」と思っているとも言える。

そうした「ホームレス排除」の感情は、時には暴力として吹き荒れることもある。

襲撃されるホームレス

ホームレスを嫌う人たちは多い。ホームレスに罵声《ばせい》を浴びせたり、石を投げつけたり、時には暴力を振るって排斥《はいせき》する人たちもいる。

二〇二〇年三月二十五日。岐阜県岐阜市内でひとつの事件が起きていた。岐阜市河渡《ごうど》の河渡橋の下にいた八十一歳の渡邉哲哉さんが十九歳の少年五人に襲撃されて殺された事件だ。渡邉さんはホームレスだったが野良猫をかわいがっており、自分は食べなくても野良猫には食べさせるほど優しい人だった。

この少年たちはこの渡邉さんを三月の中旬あたりから攻撃するようになった。渡邉さんの襲撃は分かっているだけでも日を変えて四回も行われ、十人が関わりその中には少女もいた。

ある時、渡邉さんに石を投げていた少年の一人が学生証を落とした。渡邉さんはそれを持って警察に被害を相談すると警察が大学に学生証を照会し、学生たちは大学から注意を受けた。

これに激怒した学生たちは渡邉さんに襲撃することを決意、襲撃のために五人が集まり、「今日は許さんぞ」と叫びながら、渡邉さんに強いライトを向けて激しい勢いで石を投げ始めた。渡邉さんが逃げ始めると、襲撃に加わっていたうちの三人が渡邉さんを九〇〇メートルも追いかけた。執拗《しつよう》だった。そして最後に土の塊を渡邉さんの顔面に投げつけて昏倒《こんとう》させた。

この時の昏倒で渡邉さんは頭蓋骨陥没、脳挫傷、急性硬膜下血腫を引き起こし、間もなく死亡した。犯人たちは渡邉さんが転倒した後も暴行を続けていた。五人が逮捕されて三人に殺人容疑がかかっているのだが、渡邉さんを九〇〇メートルも追いかけておきながら「殺すつもりはなかった」と彼らは証言している。

＊

殺害された八十一歳の渡邉哲哉さんは、二十年近く河渡橋の下でテントを張ってホームレス生活をしていた。

この渡邉哲哉さんと一緒に路上生活をしていた六十八歳の女性は、渡邉さんが二十年前からずっと捨て猫の世話をしていて「猫がいるから他のどこにもいかないでここで生活していた」と話している。

渡邉さんの仕事は廃品回収だった。アルミ缶等を集めてリサイクルショップに買い取ってもらいながらわずかな収入を得ていた。雨の日も廃品回収の仕事をずっとしていたと一緒に生活していた女性は証言している。

渡邉さんは、その収入の大半を猫の餌代に充てていた。可愛がっていた猫は四匹ほどいた。よく懐《なつ》いていて、渡邉さんが自転車で仕事から帰ってくると猫たちが集まって渡邉さんにすり寄った。

時間がある時、渡邉さんは図書館に通って仏教の本を読んで勉強していた。金銭的には豊かではなくても、精神的には豊かであろうと努力していた。

一緒に暮らしていた女性は、「容疑者が逮捕されても、渡邉さんは帰ってこない。渡邉さんの夢を見て、眠れない日々が続いた。命は一つ。勝手に来て馬鹿にして、おもちゃ扱いみたいな感じでいたぶって。どうしてこういうことになったんだろう。毎日毎日、なぜこうなったんだろうと考えている」と述べている。

渡邉さんはホームレスだったが、そうであっても人間として生きていたわけであり、誰に迷惑をかけていたわけでもなかった。河川敷の下で誰にも迷惑をかけずにひっそりと暮らしていたのだ。

しかし渡邉さんは、ホームレスであるが故に攻撃され、排斥され、殺されていった。「ホームレスなら何をしても良い、石を投げても殺してもいい」という思いが少年たちにはあったのかもしれない。

＊

この事件は「異常な事件」なのだろうか。もし、そう思う人がいるのであれば、ここ十年を見ても、凄まじい数のホームレス襲撃事件が起きていたことを知らない人たちかもしれない。

二〇一〇年三月二十九日。兵庫県尼崎市で中学生三年の男子生徒二人が河川敷で寝ていたホームレスのテントを燃やして逮捕される事件があった。この事件では六十五歳のホームレス男性がかろうじて逃げたので助かったが、逮捕された少年二人は「死んでも構わないと思った」と述べていた。この放火事件を起こす前から、この二人はホームレスに石を投げて襲撃していたことも分かった。

二〇一〇年九月十八日。東京都千代田区の公園で、中学生三年の男子生徒が耳の不自由な六十七歳のホームレスに熱湯をかけて全治一ヶ月の重傷を負わせるという事件を起こしていた。この少年は一週間前から六十七歳のホームレスに石を投げるとか洗剤をかけるような襲撃を行っていた。

二〇一一年三月十一日。群馬県伊勢崎市で、中学生二年の男子生徒四人が河川敷で寝ていた六十七歳のホームレスに石を投げて攻撃した。ホームレスが必死で助けを求めて、たまたま通りかかった女性が警察に通報してホームレスは助かった。

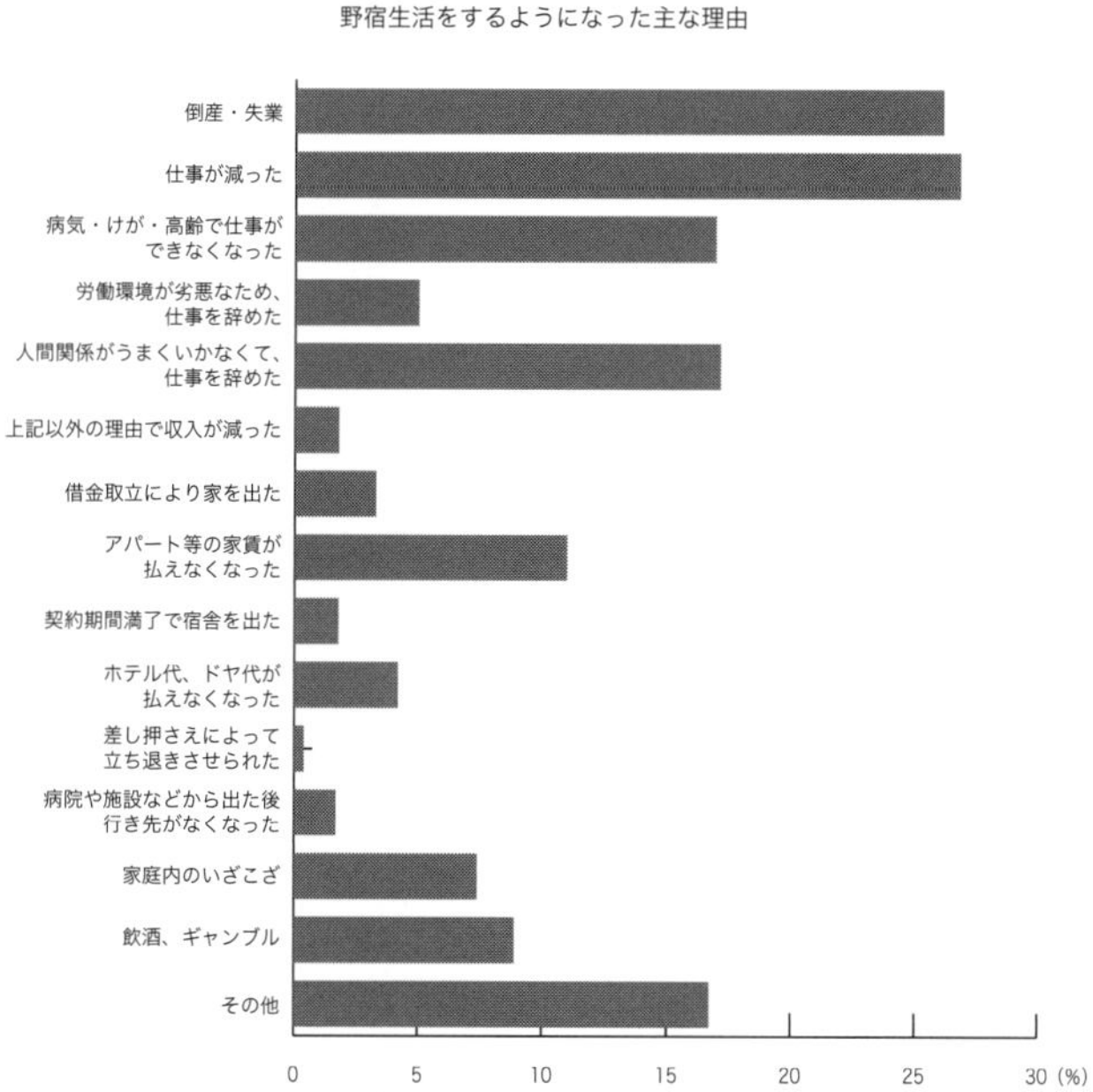

出所：厚生労働省　ホームレスの実態に関する全国調査（生活実態調査）

二〇一二年二月一日。東京都中央区の路上で十八歳の少年が、野宿していた六十七歳の女性に火をつけて殺害しようとして逮捕された。六十七歳の女性は両手や下半身に大火傷を負って死にかけた。

二〇一二年三月十三日。十六歳から十七歳の少年四人が、ＪＲ大阪駅高架下で野宿していた六十七歳のホームレスを袋叩きにして殺すという事件が起きた。逮捕された少年たちは「殺す気はなかった」「死ぬとは思わなかった」と述べた。

二〇一四年八月五日。三重県松阪市で十四歳から十七歳までの少年四人が六十一歳のホームレスを集団で殴る蹴るの暴行を加えて、リュックサックやバッグを奪うという事件が起きた。

二〇一四年十二月十一日。福岡県福岡市中央区でホームレスが寝ている公園のテントに火がつけられるという事件が起きた。幸いにして死者は出なかったのだが、犯人は逮捕されずその後も八件のホームレスのテントの放火事件が立て続けに起きた。

二〇一六年四月十二日。大阪市北区天神橋で高速道路の高架下で寝ていた六十五歳のホームレスの男性の布団が燃やされた。犯人は逮捕されなかった。

二〇一七年九月三十日。東京都品川区五反田の路上で、四十六歳の酔っ払った男性が六十一歳のホームレスにすれ違いざまにツバを吐いた。ホームレスが注意すると、男は「殺してやろうか?」と言ってホームレスの胸をナイフで刺して逃げた。

二〇一八年五月一日。大阪ミナミの千日前通りの中央分離帯で白骨死体が見つかった。段ボールが敷かれ、空の弁当箱やコミック本などがあって寝泊まりしている形跡があったのでホームレスの遺体であることが分かった。二年間放置されていた。

＊

ホームレスは社会で最もどん底の人たちである。何も持っていない。そして社会から疎《うと》んじられて、嫌われる。

彼らは家を失っただけではない。長い路上生活の中でやがて人間としての尊厳も失っていく。自分が失うのではない。世間が「負け犬」「社会に必要のない人間」「邪魔な人間」だと認識し、そのような目を向け、避け、露骨に嫌う。そして、その先に「排除」がある。

排除はさまざまな形で行われる。

ホームレスの住処は「河川敷」「公園」「路上」「駅舎」が多いのだが、主にその近くの住民が、直接ホームレスに「こんなところで寝るな、出て行け」と言うこともあれば、間接的に警察や区役所に通報して「迷惑だから排除して欲しい」と連絡することもある。

そして、最悪の場合は暴力に至るのである。寝ている彼らに石を投げたり、放火したり、集団で罵ったり、殴る蹴るの暴力を加えたりする。それは新聞に載るような事件になることもあるのだが、ならないものも多い。多くのホームレスは石を投げられても、殴られたり蹴られたりしても、ほとんどの場合は警察に訴えることもなければ抗議することもないからだ。

彼らは自分たちが社会のどん底にあって、普通の人たちから激しく嫌悪されているというのを自覚している。警察もほとんど取り合ってくれないということも分かっている。だから、彼らは被害に遭っても耐える。そして、静かに去って社会の裏側を漂流して生きる。

ところで、これは他人事なのだろうか？

社会が極度の不景気に落ちた時、私たちもホームレスにならないとは誰も保証してくれない。私たちは常に今の生活を維持できるわけではない。社会が急激に景気悪化に見舞われると、私たちも運が悪いといつホームレスになってしまってもおかしくない。そうなった時、私たちの身に何が起こるのかを、こうした事件は示している。

第八章
コロナショック

新型コロナウイルスという衝撃

私たちがこれまで見てきた「日本のどん底《ボトム・オブ・ジャパン》」は、多くの人にとって他人事だったのかもしれない。しかし、二〇二〇年に入ってからはそうではない。誰もがこの「どん底《ボトム》」を切実に、そして恐怖と不安を持って見るようになった。なぜか。二〇二〇年に入って全世界を取り巻く環境が一変したからだ。今や世界は阿鼻叫喚の地獄と化した。

新型コロナウイルスが襲いかかったのである。

二〇二〇年一月に入ってから、中国の武漢で奇妙な肺炎が広がっているというニュースが広がっていた。一月三日には「患者が四十四人になった」と報道されていたのだが、この時点では「謎の肺炎」と報道されていた。

「SARS（重症急性呼吸器症候群）の再流行ではないか」とも噂されたのだが、一月五日に武漢市政府は「SARSではない」と発表した。

しかし中国政府は、「今回のウィルスが人から人へ明らかに感染した証拠は見つかっていない」「医療従事者への感染ケースもない」と述べ、WHO（世界保健機関）も「旅行者が特別な予防措置をとる必要はない」と述べた。

この「謎の肺炎」の正体が明らかになったのは一月九日のことだった。中国の専門家チームによる初期検査の結果、この肺炎を引き起こしているのはコロナウイルスの新型であることが判明したと報道されたのだ。

以後、このウイルスは日本では「新型コロナウイルス」と呼ばれるようになる。正式名称である「ＣＯＶＩＤ－19」とＷＨＯによって命名されたのは二月十一日のことになるのだが、これ以後も日本は「新型コロナウイルス」が使用されている。

日本でも中国から日本に戻った中国人が発症しているケースが確認されたことが報道されたりしたのだが、一月二十日の時点で東北大学のある教授は「国内で感染が広がるリスクはほぼない」と述べていた。

川崎市の感染症や食中毒等の対応を行う研究所の所長も新聞のインタビューに答えて「国内の人は特別な対策は必要ない。手洗いやマスクなど、インフルエンザの予防策を取れば足りる」と述べていた。

「人から人への感染は限定的なので冷静に対応を」「中国への渡航規制や貿易規制を適用しないよう勧告する」とＷＨＯのテドロス事務局長も述べていて、一月三十日の時点でもジュネーブでの記者会見で「不必要に人やモノの移動を制限する理由はない」と強調していた。

しかし、新型コロナウイルスは当初の楽観論をすべて吹き飛ばす最悪の事態をもたらすことになった。

＊

一月二十八日、日本では「中国・武漢への渡航歴はないバス運転手の男性」の感染が確認されたことで、人々は「人から人への感染は限定的だという報道は違うのではないか？」とインターネットに書き込み始めた。

感染したバス運転手は奈良県在住の六十代男性だったが、彼は中国・武漢市から来たツアー客を大阪から東京、東京から大阪まで乗せて感染していた。さらにこの運転手と同じバスに乗っていたツアーガイドの女性も翌日になって感染していることが分かった。

二月に入ると香港政府は「大型クルーズ船ダイヤモンド・プリンセス号に乗っていた男性が新型コロナウイルスに感染していた」と発表したので、日本政府は横浜港・大黒ふ頭沖に到着したこのクルーズ船を着岸しないまま停泊させた。

以後、このクルーズ船では次々と感染が広がって最終的には全員が下船する三月一日までに七〇六人が感染するという未曾有《みぞう》のアウトブレイクが繰り広げられることになった。

さらに二月に入ってから、このクルーズ船とは別に日本の各地で人から人への感染が急拡大していき、二月の終わりの時点で十九都道府県で二〇〇人の感染が報告されるようになった。

感染の拡大を抑えるために政府は小中学校の休校を要請するようになり、以後は多くのイベントが中止になり、人々には自粛が勧告され、飲食店やナイトクラブやライブハウス等の営業も制限されるようになっていった。しかし新型コロナウイルスの感染拡大は止まるどころかより広範囲に広がっていく。

＊

新型コロナウイルスは、二月と三月の「たった二ヶ月」で日本経済を一気に奈落の底に突き落とすような負のインパクトをもたらしていた。日本経済にも明確なダメージを与えるようになったのが報道にも現れた。

三月二六日「新型コロナで突然の解雇、雇い止めに非正規が悲鳴」（弁護士ドットコム）
三月三〇日「解雇や雇い止め相次ぐ　連合が緊急電話相談」（千葉日報オンライン）
三月三〇日「コロナ不安で急増？鉄道人身事故が週30件超に」（東洋経済オンライン）
三月三〇日「解雇や雇い止め相次ぐ。連合が緊急電話相談」（佐賀新聞）
三月三一日「有効求人倍率　４県で前月下回る」（ＮＨＫ報道）
三月三一日「新型コロナで解雇や雇い止めが確定した人は９９４人」（厚生労働省発表）
三月三一日「北海道内の21事業所、１８０人を解雇　新型コロナ拡大で」（北海道新聞）
三月三一日「非正規の雇い止め増加　雇用構造のもろさ露呈」（東京新聞）

三月の時点ですでに社会の最も弱い層である「非正規雇用者」にショックが波及していたのである。しかし、三月の苦境はまだ序章だった。彼らは四月に入ってから新しい仕事を見つけることすらできなくなりつつあった。

彼らをどん底に追い詰めたのが、四月七日の緊急事態宣言だった。

埼玉県・千葉県・東京都・神奈川県・大阪府・兵庫県・福岡県の七都府県に自粛が要請され、キャバレー、バー、ネットカフェ、ライブハウス、キャバクラ、大学、自動車学校、ジム、体育館、ボーリング場、ゲームセンター、パチンコ屋、劇場、映画館、集会場、展示場、寺院、教会、等々の広範囲に休業要請が為された。

街の飲食店やブティックは一気に存続の危機に見舞われ、中小企業・小規模事業者も売上が激減して「このままでは長く持たない」として、従業員を次々と切り捨てていくようになった。報道を見ても分かる通り、真っ先に切り捨てられたのは非正規雇用者である。

「無料低額宿泊所」という地獄

新型コロナウイルスは二〇二〇年の二月に入ってから日本で大きな広がりを見せるようになっていったのだが、三月に入るとあちこちでクラスターが発生して政府や行政が外出を控えるように要請し始めて、街の飲食店やブティックや中小企業・小規模事業者が急激に経営悪化に見舞われ始めた。

客が来ないので店が維持できない。そうすると経営者が真っ先にするのはパートやアルバイトを「切る」ことである。コロナショックはいつ終わるのか分からない。先が見えない。そのため、仕事もないのにパートやアルバイトを維持する余裕がない。

多くの中小企業・小規模事業者で同時に同じことが起きて、非正規雇用者は一気に「三月末での雇い止め」という自体に直面した。

＊

非正規雇用者のかなりの数が三月で仕事を失った。そして次の仕事が見つからない状態に陥った。そんな中で四月七日には政府が緊急事態宣言を発令して、東京、神奈川、千葉、埼玉、大阪、兵庫、福岡に自粛と休業を「要請」したので、ますます彼らは仕事を失った。

この緊急事態宣言だが、地方での感染拡大を受けて四月十六日には対象地域が全国に拡大されていった。この緊急事態宣言は五月六日に解除される予定だったが、五月四日になると、政府はさらにこれを「五月末まで延長する」と発表した。もはや五月末まで、彼らには仕事を見つけることすらも不可能になったということである。

緊急事態宣言の休業要請の中には、ネットカフェが含まれている。住居を失い、仕事を失っている彼らの多くはネットカフェを一時的な宿泊で使っていたのだが、休業要請に従って多くのネットカフェが休業することになった。すべてのネットカフェが休業したわけではないのだが、開いているネットカフェもいつ閉鎖になるのか分からない不安定な状況だった。

　四月十日、私は明け方に歌舞伎町を歩いていたのだが、ネットカフェに泊まれなくなったとおぼしき若者が道路にキャリングケース二つといくつかのビニール袋を置いて座り込んでいる姿を目にしている。冷たい風が吹きすさぶ日だった。

　ネットカフェに寝泊まりしていた彼らが居場所を失うと路上生活になるというのは分かりきっていた話だ。多くのＮＰＯ団体が政府に働きかけた結果、東京都はビジネスホテルに依頼して彼らを保護するという施策を打ち出した。

　ところが、その数はたったの五〇〇室だった。ネットカフェで寝泊まりしている人々は四〇〇〇人以上いると東京都は二〇一八年に実態調査をして分かっていたのに、たった五〇〇室しか用意しなかった。

　さらに当初は個室だという話だったのに、なぜか相部屋になっていた。その上に当事者が個室に泊まれるように福祉窓口に申請に行くと断られ、「無料低額宿泊所」に行くように言われている。

＊

普通に住所を持っている私たちは「無料低額宿泊所」と言っても、それが何なのかまったく知らないはずだ。これは『政府への届出によって設置できる福祉的居住施設』である。住居を失った生活困窮者の自立支援のために、一時的に無料もしくは低額で泊まれる施設を言う。

と、聞けば「無料低額宿泊所」というのは福祉の充実した素晴らしい施設か何かのように感じるのだが、実態はどうだったのか。実は、この「無料低額宿泊所」こそが貧困ビジネスの最前線だったのである。全国に五三七あると言われ、一万五六〇〇人が入居しているこの「無料低額宿泊所」には良心的に運用されているところも当然ある。しかし、そうではない劣悪な施設がかなり存在する。

どういうことなのか。

古いビルの六畳間ほどの広さのところに二段ベッドを二台置いたりしてプライバシーなどいっさいない空間に四人をぎゅうぎゅう詰めに押し込み、入居者に生活保護費を受けさせてその大半を毟り取っていくようなことをしているのである。

こうした無料低額宿泊所に住む単身世帯の生活保護費はだいたい十万円くらいなのだが、このうちの七万円から八万円を施設側が最初からいろんな名目で天引きして、本人には二万円ほどしか渡さない。これが劣悪な「無料低額宿泊所」という場所で起きていることだったのだ。

これが「貧困ビジネス」である。生活保護費を搾取するので「生活保護ビジネス」ということもある。

かつて路上に溢れていたホームレスは都会では昔ほど見なくなったと前の章に書いた。日本社会が豊かになったから彼らの姿は消えたのではない。極悪なＮＰＯ団体が彼らを路上から集めて「無料低額宿泊所」という名の収容所に入れて、生活保護費を申請させて、それを搾取していたのである。

ちなみにこの「無料低額宿泊所」は、ＮＰＯでも会社でも個人でも届け出さえすれば誰でも運営できる。つまり、ヤクザでも極悪ＮＰＯでも構わないということだ。

＊

最初から生活保護費を搾取する目的で設立された劣悪な「無料低額宿泊所」に押し込められるとどうなるのか。

雑居ビルだとか、プレハブで建てられたようなビルだとか、倉庫のようなビルのようなところで、部屋をベニアで仕切っただけの部屋に二段ベッドでぎゅうぎゅう詰めになった中に押し込まれ、狭くて息苦しい中で生活しなければならなくなる。風呂やトイレは当然ながら共同だ。当然、自分のモノを盗まれたり、勝手に使われたりするようなトラブルはしょっちゅう起きる。そこは過密な集団生活である。生活音も環境音も筒抜けだ。施設管理者に監視されていて、門限があったり外出外泊に許可が必要だったりする。なぜか。なるべく宿泊者に外部と接触させないためだ。あるいは逃げないようにするためだ。

施設管理者からの暴言や暴力があったりする。あるいは、その部屋のボスに恫喝《どうかつ》されたり、八つ当たりされたり、小銭を巻き上げられたりすることもある。

食事は提供されるが、量もわずかで思う存分食べられなかったりする。その食事さえも巻き上げられたりすることもある。集団生活の中では常に弱い者がいじめられるのはどこでも同じだ。病気や障害も放置される。

最も重要なのは、通帳や印鑑などは施設が管理することだ。彼らの目的は生活保護費を搾取することなので、ここが最も重要なのだ。搾取するためには通帳や印鑑を施設側が保有していて、そこから天引きするのである。施設側が勝手に通帳を作って、そこに行政に生活保護費を振り込ませて大半を奪い取るのである。

それが生活保護費を搾取する目的で運営されている極悪な「無料低額宿泊所」で起きていることだったのだ。

新型コロナウイルスで今までネットカフェのようなところをさまよっていた若者たちは、行く場所をなくして路上に放り出された時、今度は「無料低額宿泊所」という貧困ビジネスの中に押し込められていく。

まったく食べて行けなくなった風俗嬢

二〇二〇年三月中旬。私は「どん底《ボトム》」で生きている何人かの人々に話を聞いていた。この頃、コロナのせいで急激に人と消費が途絶え、企業は従業員を解雇し、人を雇わなくなった。ネットカフェで寝泊まりしていた若者は、仕事が見つからなくなって顔面蒼白になっていた。では風俗はどうなのか。中国発コロナウイルスは「濃厚接触」で感染するのだが、風俗は「超濃厚接触」である。三月から客は激減しており、風俗嬢たちは激しく動揺していた。

風俗から客足が消えていったのは二〇二〇年三月からだった。二月はまだ問題がなかった。二月の末になっても、問題ないと考えている風俗嬢もいた。二月に話を聞いた風俗嬢は、「行動してる人は元気だし、元気な人がくるんだから私は絶対にかからないと思ってます。友達とか怖がってる子もいるけど、私は絶対かからない自信がある」と私に説明したのだ。それが二月の後半だった。

しかし、世間は彼女とは違う印象を持っていた。「風俗なんか行っている場合ではない」というのが世間の捉え方だったのだ。だから、三月に入ってから風俗の客足がパタリと止まり、ネットでは「客が来ない！」「お金にものすごく困ってる」という悲鳴が風俗嬢から漏れ出すようになっていった。

「コロナの影響でお客さんが激減した為に収入を得られず頭を抱えている現状。いつ終息するかも分からない。このままでは本当に自殺者が出るんじゃないかと日々思っている」

「このままでは生きていけない。死んでしまう。どこでもいい、誰でもいい、私じゃなくていい。みんなお給料がなくて困ってる。お願いだ、四十分でも六十分でもいい。風俗に行って。いち風俗嬢からのお願い。私を含めて、風俗嬢を救って下さい」

デリヘルだけではない。ソープランドでも客足がぱったりと途絶えており、人気嬢(ランカー)でも客がほとんど付かないような状況になっている。中には、出勤しても初めて「客がゼロ」を体験した女性もいる。

「毎月来てくれるお客さんも、毎週来てくれるお客さんも、全然店に来ない」

＊

三月に私が話を聞いた風俗嬢も、絶望のどん底に沈んでいて「このままじゃ食べていけない」と重い口調で漏らしていた。

「三月に入ってからお客さんが来なくなった。テレビが騒ぎ過ぎてる。それに歌舞伎町ではホストと風俗嬢がコロナに感染したって噂が流れてて、常連さんが怖がって全然来なくなってるような気がする」

この噂は真実で、四月一日に入ってからテレビでも報道された。この時点で東京都は新宿区で感染が確認された人のうちの四分の一がキャバクラやホストクラブ、風俗店の従業員やスカウトだったことを明らかにしている。そして、新宿区は「中でも多くの感染者が確認されているのは歌舞伎町だった」と補足した。

こんな報道があったら、確かに客は来ない。彼女は冷めた目で現状を見ていて、「お客さんが来なくてもしょうがない。だって風俗嬢って粘膜接触じゃない。感染してたら逃げられないからね。めっちゃリスクじゃん」とも言った。そして、あきらめていた。

こうした状況を見て、出勤する風俗嬢も減った。貯金がある風俗嬢は一時的に足を洗っている。さらに昼職と兼務している風俗嬢は、稼げない上にリスクが高くなった「風俗」からしばらく離れた方がいいと考えて出勤を減らす。

今は店も引き留めない。どのみち客が激減しているので、女性たちを「坊主」にしてしまう危険性があるからだ。ちなみに「坊主」「お茶をひく」というのは、風俗業界独特の言い回しで「自分に付いた客がゼロ」という意味である。

実は女性だけでなく、店の方も抱えているキャストが坊主になるのを恐れる。「この店は稼げない」と思われたらキャストはいとも簡単に辞めていくし「あの店は稼げない」とSNSに不満をぶちまけるので集客に影響が出るからだ。

そのために、現在の異常事態では店もキャストに無理して出勤して欲しいとは思っていないし、絞ったキャストでやっていこうとしている。しかし、それでも客が少ないので一日待機させて客が付かない女性が出てくるのが現状である。

＊

新型コロナウイルスに感染したら大いに苦しむ。下手したら死ぬかもしれない。しかし、風俗嬢や客が恐れているのはそこではない。いったん感染したら「どこで感染したのか」を追及されてしまうことだ。運が悪ければマスコミに名前が漏れたり、インターネットで身分や店を突きとめられたり、まわりに自分が風俗と関わっていたとバレたりする可能性もある。「自分が風俗嬢であることがバレるくらいなら死ぬ」と考えている風俗嬢も多いし、「自分が風俗に行っていたとバレるくらいなら死ぬ」と考えている男も多い。普通なら風俗嬢も客も「近寄らない」のがリスクを避ける方法なのだ。

男は避けることができるかもしれない。性欲を抑えられない男はそれなりにいるので客はゼロになることはないが、普通の男は風俗に近寄らなくなる。「今はヤバいので避けよう」と思う。

しかし、専業の風俗嬢は「しばらく避ける」という選択肢が取れない。それは当然と言えば当然である。彼女たちはそれが仕事であり、それで稼いでいるのだから、休みたくても休めないのである。

「貯金くらいあるだろう」と考える人もいる。ではサラリーマンは、貯金があるから会社に行くのをやめることができるだろうか。貯金があろうがなかろうが、働かなければ貯金が雲散霧消《うんさんむしょう》するだけであり、結局は追い込まれるのは間違いない。あるソープ嬢はこのように記していた。

「保証もない、お客も来ない、食べていけない、明日は大丈夫なんだろうか、どうしたらいいんだろうと頭でいろいろな考えがぐるぐる回る」

「お客に来てほしいけど、この状況じゃ難しい。十年以上この世界にいるが、この世界がここまで落ち込んだのをこの目で見たのは初めて」

＊

四月に入ると、いよいよ状況は切迫して、多くの風俗嬢が経済的に危機に落ちていることをＮＨＫなどが報道するようになった。

「収入がゼロになり食事も十分にとれない」「家賃が払えず食事も十分にとれない」という相談が全国から殺到しているということなのだが、こうした相談をする風俗嬢は全体から見るとごく一部でしかないということを考えると、かなりの数の風俗嬢が追い込まれているというのが推測できる。相談の九割が「収入ゼロになった」というものなので、彼女たちは貯金がなければもはや生活が立ち行かないようなレベルにまで困窮しているということだ。

売れる女性は、恐らくどのような状況になっても生きていける。太客《ふと》（経済的に豊かな客）をつかんでいる女性は、そうした太客だけでビジネスができるし、売れている女性はそもそも貯金もしっかりあったりする。しかし、条件が悪い中で風俗でギリギリ生きていた女性は甘くない。

「十日連続で客がつかなくて、本当に食うに困る生活です」と言う女性もいれば、「収入も半分以上減っていて、平時に戻る見通しも立たない。一刻も早く支援金給付をお願いしたい」という女性もいる。

持続化給付金の申請は、建前上では風俗嬢ももらえることになっているのだが『給付金の趣旨・目的に照らして適当でないと中小企業庁長官が判断する者』はもらえないので、現場で申請がはねられるかもしれない。風俗嬢は対象であるという公的な文章はない。

もし、風俗嬢は対象だとしても「それを証明して下さい」という話になったら、女性は役所にどこの風俗店で働いていたかを申請するだろうか。「緊急小口資金」も使えるかもしれない。しかし手続きのハードルは高く、申請前から女性たちはあきらめてしまう。そうしたこともあって、出会い系売春に流れていく女性も出てきている。

しかし、恐らく出会い系売春もうまくいかない。客は「超濃厚接触」によって感染したり、ルートを辿られてしまうことを恐れているのである。客にとって、風俗でも売春でも知られたくないのはどちらも同じだ。風俗や売春に関わっていると発表されて嬉しい人は一人もいない。

こうした女性たちは昼職に戻ればいいのか。いや、すでに女性の非正規雇用者は二〇二〇年三月の段階で二九万人も減少するほどになって、多くの母子家庭・単身女性が困窮している状況なのである。中国発コロナウイルスは、まずは「非正規雇用者の女性」を追い詰めていたのだった。

かくして、まったく食べて行けなくなった風俗嬢が社会のどん底で「どうやって食べていったらいいのか」と呆然として立ち尽くしている。

蟻地獄のように迫ってくる「日本のどん底」

今回の新型コロナウイルスはあらゆる業種を追い込んでいるのだが、その中でも飲食店経営に与えるダメージは非常に大きい。二〇二〇年五月。新宿歌舞伎町を歩くと、今まであった飲食店のいくつかが閉店になっているのを見る。

街を華やかに彩っていたキャバクラやホストクラブも次々と閉店している。今後、より環境が厳しくなると、もっとひどいことになるだろう。

四月上旬。私は赤坂三丁目にある赤坂駅にごく近いみすじ通りにある小さな焼肉屋で十年近く営業をしていた女性経営者に話を聞いていた。この店では三月から急激に客が減り始めて四月にはすでに彼女は追い込まれていた。

今まで雇っていたアルバイト二名に辞めてもらい、彼女と夫の二人でやりくりしていたのだが経営は追い詰められるばかりで、私が会った時は店の大家に「とにかく今は苦しいので家賃を半額にして下さい」と交渉しているところだった。

この時点で日本政府は家賃補助を表明していたが、その補助金は本当に下りるのか、いつ手に入るのかまったく分からない状況だった。

「大家からは一ヶ月家賃を滞納するのであれば出て行って下さいと言われています。でも、私たちは出ません！　ここを出たらどこで仕事をするのですか？　とにかく何とか経営を持たせるために家賃を半額にして下さいと交渉しています」

彼女は店を畳むことはまったく考えておらず、とにかく何とか維持するのに必死だった。この赤坂の店が潰《つぶ》れたらもはや先がないと彼女は考えていたからだ。

「もちろん、大家さんにも事情があるので最終的には駄目だと言われるかもしれないけど、私たちも生きていくのに大変だから言うしかない。もし半額が駄目というのであれば、いったいいくらまで減額してくれるのか、そういった交渉もしています。四月も五月も全額を払うことができない。それが今の正直なところ」

彼女は私に窮状を切々と訴えた。彼女が生き残れるのかどうか、私には分からない。すべての飲食店経営者は彼女とまったく同じ状況に追い込まれているはずだ。

＊

新型コロナウイルスが社会にもたらした悪夢は三つある。一つは社会活動を急停止させたことで、徐々に徐々に悪くなっていた日本の経済環境を一気に加速して「より悪い経済環境」にしてしまったことだ。

一九九〇年代のバブル崩壊、二〇〇〇年代の非正規雇用の増加、二〇一〇年代の貧困の定着と深化。日本の経済環境は三十年をかけてゆっくりとゆっくりと悪化していき、活力が奪われ、人々は閉塞感の中で暮らすようになっていた。

新型コロナウイルスは、この「徐々に悪化する経済環境」を加速させて「一気に悪化する経済環境」に変えてしまった。

二つめは、それによって元々「どん底《ボトム》」にいる人たちを窮地に追いやって、さらなる深みに落としていったことだ。そして、どん底に落ちないようにギリギリのところで踏みとどまっていた人たちを、ついに転がり落としてしまったことだ。

日本社会はすでに労働人口の約四割が非正規雇用者となっていたのだ。新型コロナウイルスは経済を急停止させたので、体力のない企業から非正規雇用者を解雇・雇い止め・無給の一時休業をして彼らを切り捨てた。これによって、ギリギリのところで生活を保っていた人たちがみんな路頭に迷ってしまった。

そして、三つめは何か。ここが重要なのだが、今まで「どん底」とは無縁のところで普通に生きていた人たちをも、どん底に突き落としかねないほどの社会環境にしてしまったことだ。

＊

新型コロナウイルスは、航空業界、観光業界、小売り、娯楽、外食、自動車、食品・アパレルと言った多くの従業員を雇っている業界をいきなり営業停止させたので、事業主は雇っていた人たちを守ることすらもできないほど苦しむようになっている。

二〇二〇年三月二十一日、日本商工会議所が出した資料でその衝撃的な業況悪化が見える。

製造業：五一・七％が悪化したと回答
卸売：五三・一％が悪化したと回答
小売：五八・九％が悪化したと回答
サービス：五五・八％が悪化したと回答

こうした景気悪化が解雇・雇い止め・無給の一時休業につながっている。

二〇二〇年四月には東京都のタクシー会社が六〇〇人の運転手を大量解雇して、従業員が「一方的な解雇は不当だ」として東京地方裁判所に解雇の無効などを求める仮処分を申し立てる騒ぎになった。結局、このタクシー会社は「一部の運転手について」だけは雇用を維持するという話し合いで労働組合と合意した。

しかし、この一斉解雇が大きく報道されてから、同じタクシー業界だけでなく、多くの業界で一斉解雇を真似する企業が続出した。

一斉解雇をしなくても、観光業や宿泊業は新型コロナウイルスによって外国人観光客が一気に減少したことから、従業員のほとんどを無給の一時休業にして、実質的な解雇をしたも同然の形を取っている。

そして、普通の人たちが「自分たちもどん底に転がり落ちてしまうのではないか」という恐怖と不安にさいなまれるようになり、実際に急激に迫ってくる経済環境の悪化の中で何もできないまま呆然としている。

＊

「これは世界大恐慌なみの経済ショックである」と多くの経済アナリストが口にした。経済アナリストだけではない。ＩＭＦ（国際通貨基金）も四月十四日の時点で「世界経済は一九三〇年代の大恐慌以来となるほど悪化する」と述べた。

現代の資本主義の総本山であるアメリカですらも、二〇二〇年のＧＤＰ成長率は「マイナス五・九％」、日本も「マイナス五・二％」になるとＩＭＦは述べた。凄まじいまでの景気後退は、莫大な失業者を生む。それはすなわち「普通の人がどん底に落ちていく」ということを意味している。

リーマンショックや東日本大震災で日本が経済的に大混乱した時、やはり多くの企業が倒産や閉店を余儀なくされ、生き残った企業も一時的にボーナスを削減したり大減額になったりした。厳しい経済環境だった。しかし、今回のコロナショックは、こうした過去のショックをはるかに上回る。

ネットカフェ難民、貧困の風俗嬢、シェアハウスで暮らす人々、ひきこもり、ホームレス……。社会のどん底で起きていることは、恐らく普通に生きていた人たちの多くは存在は知っていても見て見ぬふりをしてきた世界でもある。普通に働いて普通に生きていたら、絶対に落ちないだろうと思っていた世界である。

しかし、普通の人が普通の生活ができているのは、きちんと仕事があってきちんと給与が支払われているからである。社会環境が悪化し、会社が傾いて給与がきちんと出なくなったり、会社が倒産したりすると、「普通の生活」は簡単に崩れ去る。そして、落ちないはずだったところに落ちていく。

あまりの生活不安のために二〇二〇年三月から精神科医にはコロナへの強い不安で息苦しさ

や不安や恐怖に怯える外来患者が増えていて、医師はこれを「コロナ鬱《うつ》とも言うべき症状」と述べている。

今、まさに普通の生活が崩れ去っていく過程にある。「日本のどん底《ボトム・オブ・ジャパン》」が蟻地獄のように自分たちに迫ってきている。だから普通の人が不安と恐怖に震え上がって、精神的なバランスをも崩すようになっている。

第九章
不安な時代に備える

国や企業の支援は一時的かつ限定的

一九九〇年代のバブル崩壊で多くの国民が実体経済の悪化に苦しんでいくようになった時、政治は国民を救済しただろうか。

いや、政治は一九九〇年代に日本経済が縮小していくのを放置し、未曾有の就職氷河期を生み出しても何もしなかった。それどころか、いよいよ国民が苦しくなった一九九七年に、なんと消費税を五％に引き上げて景気回復を完全に破壊した。

二〇〇〇年代の格差拡大の時代で多くの若者が非正規雇用に追いやられていくようになった時、政治は国民を救済しただろうか。いや、政治は二〇〇〇年代に格差が広がっていくのを放置し、むしろ「人材の流動性を高めるのが重要」と言って、より非正規雇用者を増やしていく方策を取った。

これによって働いても働いても賃金が上がらず、企業の都合で雇い止めされ、低賃金の仕事を転々とするしかない若者が増えた。そして、彼らの中の最底辺は、ついに住居すらも持てないでネットカフェで寝泊まりするしかないような状況になっていった。

二〇〇九年の民主党政権になってから政治はさらに混乱した。そんな中、日本は二〇一一年三月十一日に東日本大震災に見舞われた。日本が崩壊するかどうかの瀬戸際になってしまうと、もう政治家も国民も社会のどん底でもがいている若者たちに関心を失った。

三十年かけて日本経済は悪化し続けていく一方だった。これによって日本は、平均年収約一八六万円の「アンダークラス」と呼ばれる低所得層が九三〇万人にもなって、社会のどん底を覆い尽くしていく社会となってしまったのだった。

＊

過去を振り返ってみると、分かることがある。日本経済が縮小していく中で、政治家は国民が低所得層に落ちていくことを止める能力は持っていないということだ。つまり経済が悪化していっても、国民の困窮は放置される。

そうであれば、新型コロナウイルスによって一九三〇年代の世界大恐慌なみの景気後退《リセッション》が襲いかかる中、今の政府が強力に国民を救済する能力があると考えるのは「甘い」ということに気づく。

二〇〇八年のリーマンショック時は一年間で失業者は一一〇万人以上増加した。コロナ禍はリーマンショックをはるかに超える危機であり、失業者は一一〇万人を超えるどころか、どれくらいのスケールで増えていくのか分からない状況になる。

雇用の状態を見るすべてのデータが雇用の悪化を示している。有効求人倍率も、完全失業率も、新規求人数も、コロナ禍によって一気に悪化した。そのため、二〇二〇年から日本の貧困はより加速してしまうことが確実になってしまった。

そして、日本はいくつもの社会問題がコロナ禍による経済停滞によって、より深刻化していくことになる。

- 低所得層はさらに増加する。
- 少子高齢化はさらに加速する。
- 結婚率はさらに低下する。
- 虐待はさらに増加する。
- 日本国民の自信喪失はさらに深まる。
- 国への帰属心はさらに低下する。

・政治不信はさらに深まっていく。

にも関わらず、政治は国民の窮状を救済することができない。企業も減収減益に追い込まれれば従業員を抱えておくことができない。

＊

新型コロナウイルスによって経済環境が激変してしまった人は、政府による救済支援を徹底的に使いこなして経済支援を受ける必要がある。

環境の悪化は自分のせいではないし、自分の力ではどうにもならないのだから、支援を受けることを躊躇してはいけない。積極的に受けなければならない。そのために税金を払ってきたのだから、当然のことである。

しかし、支援を受けるだけでは問題は解決しない。

特別給付金はいつまでも出るわけではないし、それは支給が遅い上に足りない。そして、その他の政府が行っている経済支援のほぼすべては何度も何度も繰り返し受けられるものではなく一過性のものだ。支援のお代わりはできない。

企業も危機の中で最初は従業員を守ろうとするが、企業はボランティア組織ではない。それゆえに、いつまでも自粛による減収減益に耐えられるわけではない。有利子負債の大きな企業は潰れていくし、内部留保が潤沢な企業もそれを使い果たしていくと継続する危機を乗り越えられなくなって限界がくる。

企業が限界に達したらリストラが吹き荒れることになる。

日本を揺るがすような危機が起きた時、当初は政府の経済支援はあるのだが、多くの国民を取りこぼす上に、支援を与えるのは一度きりで、危機が長引けば長引くほど支援は途切れていく。さらに企業も危機が長引けば従業員を守れなくなって切り捨てていくことになる。

そうであれば、私たちはこれからの時代をかなり注意深く生き残らなければならないということになる。結局、誰も助けてくれないのである。そうであれば、どうすればいいのか？

防御を固めなければならない局面にある

ひとたび悪いことが起きると、それは連続して続くことが多い。誰もが日常を通して経験することだ。悪いことは次から次へと新しい問題を引き起こし、坂道を転がり落ちるように続いていく。

今、まさに私たちはそれを目の前で見ている。新型コロナウイルスが全世界に蔓延して、社会情勢はたった二ヶ月で社会を激変させ、以後も混乱が続いて止まらない。

「弱り目に祟り目」「泣きっ面に蜂」「負のスパイラル」などは、すべて困っているところに、さらに困ったことが重なるという事態を端的に示すが、新型コロナウイルスで悪化する情勢は、まさにこうした格言通りの推移を辿っている。

なぜ、そうなるのか。

それは、順調だった時には何の問題もなかった「レベル」が、何かのきっかけで不遇になると維持できなくなるからだ。新型コロナウイルスはウイルスに感染しなくても、社会を混乱させて人々を経済的な危機に陥れる。

日本では二〇二〇年四月七日に緊急事態宣言が発令されたが、これによって多くの業種の売上が吹き飛び、経済悪化の負のスパイラルは止まらなくなった。

多くの人は真面目に働いているので、普通に生活して、失職しない限りまったく何も問題はない。しかし、不意打ちに働けなくなったらどうなるのか。そして、それが長期に及んだらどうなるのか。

新型コロナウイルスによって会社がダメージを受けている中、「クビを切られてしまった」「給料が下がってしまった」「どうやって生きていけばいいのか」と訴える人が激増し、組合やハローワークや各種相談所の電話が鳴りっぱなしだ。

普通の人はあまり考えないようにしていたのだが、「不意に働けなくなる」というのは実はそれほど珍しいことではなかったのだ。これからの社会の行く末の暗さを誰もが感じているはずだ。

＊

新型コロナウイルスによる経済の大ダメージは、全世界のすべての人にとっては「想定外」であった。しかし、長く生きていると分かるのだが、こうした「想定外」は必ずやってくるものである。想定外なのだから避けることはできない。突如として巻き込まれ、今までの安定が一気に失われる。

「予期せぬ事態」を回避できる人はいない。新型コロナウイルスの問題だけでなく、いろんな理由で「不意に働けなくなる」というのは、誰もが自分の長い人生のどこかで必ず経験することなのだ。

問題は、ダメージを受けた後にすぐに態勢を立て直して、やり直しが効くかどうかである。新型コロナウイルスの問題は、いつ経済が回復するのかは誰にも分からない。状況が悪化すれば、もはや自分の力では到底リカバリーできないこともあり得る。

様々な理由で働けない状況が長引けばどうなるのか。どこまでその苦境に耐えられるのかは貯金がどれくらいあるかで決まってくるのだが、莫大な貯金がある人でもない限り、遅かれ早かれ地獄がやってくる。

たとえば、貯金三〇〇万円、給料三〇万円の人がいたとする。この人が失職すると、もちろん貯金を食いつぶして生きていくことになるのだが、その貯金はいつものように月三〇万円で生活していると十ヶ月で消えていく。

そして、どうなるのか。十一ヶ月目から、「弱り目に祟り目」「泣きっ面に蜂」「負のスパイラル」のすべてが襲いかかってくるのである。節約して生活したとしても、収入がない以上は十一ヶ月目の破綻が若干伸びただけで結論は変わらない。

＊

貯金がゼロになってもまだ仕事が見つからなかった場合、この人は無一文になった上に、電気・ガス・水道・電話代・食事代・家賃のすべてが払えなくなってしまう。友人に借り、親に借り、消費者金融に借り、何とか家賃だけを確保しても、電気もガスも水道代も電話代も食事代も出ないのだから、どれかを削らなければならない。

電話代を削ったら、就職活動に支障をきたす。食事代を削ったら就職活動をする体力もなくなる。光熱費を削ったら生活全般に支障をきたす。

しかし、何かを削らなければならないので、恐らく食費が削られる。食事が満足にできなくなると、自分が本来持っている能力が落ちるだけでなく、注意力も散漫になり、病気や怪我をしやすくなる。

何とか仕事を確保しなければならないが、追い詰められた時に就職活動をすると、給料や待遇でかなりの譲歩を迫られることになる。待遇が悪かろうと、給料が安かろうと、背に腹はかえられないのだ。

すると、前職まで月三十万円だったのに、月十五万円の給料で妥協したりすることになる。

月十五万円でも確かに収入ゼロよりはマシだが、それは今までよりも五十％も貧しくなってしまったわけである。それでは月三十万円のレベルを維持できない。

たとえば、家賃が十万円だったところに住んでいた場合、給料が十五万円になった瞬間、そこに暮らし続けるというのは無理が生じてしまう。

それでも仕事が見つかればまだ幸せだ。仕事が見つからなければどうなるのか。場合によっては路頭に迷う。ネットカフェなどに寝泊まりする生活になったり、ホームレスになって、さらなる「負のスパイラル」に巻き込まれる。

いったん何かがうまくいかなくなると、今までのレベルを維持することができなくなって、次々と問題が発生して下に下に突き落とされていく。

＊

自分が苦境に落ちたら、「政府が助けてくれる」とか「行政が何とかしてくれる」とか楽観的に思ったらいけない。政府や行政の能力は徐々に、そして確実に低下しているからだ。

自分が苦境に落ちたら、自分の勤めている会社が助けてくれると思ってもいけない。企業は売上と利益が確保できなければ、従業員を守る能力はない。いくら従業員を家族のように思っている経営者であっても、会社の経営が立ちゆかなくなれば従業員を捨てざるを得ない。

では家族は何かしてくれるのだろうか。いや、新型コロナウイルスの状況を見ても分かる通り、社会情勢が悪化したら家族でさえも一緒に苦境に落ちる。互いに何とかしたいと思っても何ともできないのが今の状況である。社会全体が苦境に落ちてしまう時、結局は誰も頼りにならなくなってしまうのだ。

新型コロナウイルスは、ワクチンが開発されたら急速に収束するものだ。しかし、それは今日や明日の出来事ではない。いつか収束するというのは分かっているのだが、それまでは経済が負のスパイラルの中を落ちていくというのも分かっている。

だから私たちは、その困難な状況を「どのようにサバイバルするか」が問われている。結局のところ、私たちにできるのは収入が途絶えないように努力しつつ、生活を思い切ってダウングレードすること以外にあり得ない。社会情勢が悪い時は、行動的になる局面ではなく、防御を固めなければならないのだ。

下手な決断をして自分が窮地に落ちても誰も助けてくれない。誰もが自分のことに精一杯になっているのだから、慎重に生きる必要がある。もはや二〇一九年までの楽観的な局面は消え去っているのだ。もし私たちの社会が経済の悪化を止められないのであれば、自殺に追い込まれる人たちもかなり増える。

「できて当たり前の生活防衛」30のリスト

もう今の日本は、何も考えないで漫然と生きていたら、誰もが貧困に落ちてしまう厳しい社会となっている。新型コロナウイルスによってグローバル経済は寸断され、社会は縮小し、感染者と死者が世界中で止まらない状況の中にあるのだから、経済はコロナ以前に戻らない。

私たちのこれからの生き方のテーマは「いかに極貧に落ちないように生活防衛するか」というものになる。生活防衛ができて土台が固まってから攻撃もできる。土台ができていなければ、世の中に果敢に挑戦していく以前に、自立することすらもままならなくなる。

ただし、生活防衛とは言っても、別に何か特別なことをしなければならないわけではない。貯金し、節制し、きちんと働くと言った「当たり前のことを、これまで以上にきちんとやっていく」しかないのである。

右肩下がりの時代、つまり、リストラや収入減が恒常化する社会では、この「当たり前」をいかに突き詰めることができるかが、生死の境目となる。「できて当たり前の生活防衛」とはどのようなものなのか。それは、このようなものである。

(1) 貯金をすること
(2) 無駄なものを買わないこと
(3) ローンや借金をしないこと
(4) 稼げない仕事は続けないこと
(5) 稼げる仕事は辞めないこと
(6) 専業主婦にならず、共働きすること
(7) 贅沢《ぜいたく》しないこと
(8) 仕事を楽しむこと
(9) 休息を取ること
(10) 肉体的・精神的な病気にならないこと
(11) 怪我をしないこと

⑫見栄を張らないこと
⑬役に立つ勉強をすること
⑭引きこもり、ニートにならないこと
⑮タバコ・アルコール・ドラッグに溺れないこと
⑯ギャンブルに溺れないこと
⑰ゲーム・テレビ・ネットの娯楽に溺れないこと
⑱セックスに溺れないこと
⑲友人を選ぶこと
⑳相談相手を持つこと
㉑自分の味方を作ること
㉒金のかかる趣味に没頭しないこと
㉓自暴自棄にならないこと
㉔ごく普通の生活をすること
㉕貧困から抜け出すために何ができるか考えること
㉖社会のせいにしないこと

(27) 他人のせいにしないこと
(28) 投資能力を磨くこと
(29) 才能を磨くこと
(30) シンプルに生きること

＊

生活防衛がうまくできなければどうなるのか。生活防衛に失敗した人たちから追い詰められ、自殺者が増えていくことになる。日本もそうだが決して日本だけではない。新型コロナウイルスによる「世界大恐慌」並みの経済不況が襲いかかったら、全世界で自殺者がうなぎ上りに増えていく。

これは確信を持って言えることだ。

なぜなら、失業率と自殺者数は常に同期《シンクロ》しており、失業率が増加したら必ず自殺者数も増えることが社会現象として知られているからだ。

とすれば、中国発コロナウイルスによって企業倒産数と失業率が危機的なまでに上昇する今の環境の中で何が起こるのかは、社会学者の誰もが知っている。これから、自殺者が続出する社会がやってくる。

実際に生活に追い込まれて困窮してしまった人が自殺に追い込まれることになるのだが、それだけではない。社会が大混乱して経済的ダメージが膨れ上がり、先が見えなくなっていくと、不安と恐怖が人々の心の中に忍び寄る。

危機の中での強い閉塞感、生活が崩れていくことの恐怖心、先が見えないことの絶望。感受性の強い人たちは、こうした社会の空気を敏感に感じ取り、そして精神的に耐えられなくなり、落ち込み、うつになる。そして、このように思う。

「落ちたくない……」

「もうこんな社会で生きたくない」

こうした気持ちによって、ふと「死」に誘われる。落ちたくない、落ちるのが怖いという感情が、日々の悪いニュースによって蓄積し、増幅され、誰よりも早く精神的に疲弊してしまうのだ。人の忍耐力には「限度」がある。どこまでの社会環境の悪化が自分の限界なのかは、よく知っておく必要がある。

「日本のどん底《ボトム・オブ・ジャパン》」はすでに際限なく広がっている。

おわりに

人は誰でも時代に翻弄される。それは避けることができない。たとえば、一九三〇年代から一九四〇年代の前半は全日本人が「戦争」という暴力的な時代の中で生きてきた。人々は戦争に人生を翻弄《ほんろう》されてきた。戦争が終わった一九四五年からも、灰燼《かいじん》と化した国土の中で「生き残る」ことを強いられた。

この時代は「住むところを探す」ことも重要だったし「食べること」も重要だった。ほとんどの人は所持金など無に等しく、かろうじて財産を隠していた人も戦後インフレーションや新円切り換えで財産をみんな失ってしまった。

親は子を失い、子は親を失い、家族は家を失い、人々は国家を失った。心身共に傷ついた失意のどん底にある兵隊たちが帰還し、傷痍《しょうい》軍人が路上に座って人々の恵みにすがって生きていかなければならない時代だった。みなしごがストリートを埋め尽くし、若い女性が「こんな女に誰がした」と夜の闇に立った。

この時代に生きていくためには、自分や家族を餓死させないためにどんなことをしても、たとえ自分のやっていることが法を犯すことであっても、躊躇《ちゅうちょ》しないでやり抜いて生き残らなければならなかった。そんな過酷な時代だったのだ。

日本もそういう時代があった。いくら世間と隔絶しているような人であっても、富んでいる人も貧しい人も、時代の流れに飲まれてそこから逃れられなかった。

私たちは社会に所属して生きている以上、誰ひとりとして「時代」を無視して生きていくことができない。当然、生きるのに易しい時代もあれば、生きるのが難しい時代もあり、それぞれの年代は自分の努力や環境や能力を超えたところで、時代という大きな存在に翻弄される。

＊

二〇二〇年一月から不気味に広がり始めた中国発コロナウイルスはやがてパンデミックとなって世界を覆い尽くし、グローバル経済をめちゃくちゃにしてしまった。全世界で感染者が苦しみ、死者が膨れ上がり、経済が停止した。

すでに安定的な仕事があり十分な蓄えがある人は、このような事態になってもそれほど焦燥感も不安も感じないで日常を過ごしているかもしれない。

おわりに

しかし、就労人口の四割近くを占める非正規雇用者や、中小企業・小規模事業に勤めている人たちや、自営業者や、フリーランサーは、みんな仕事を失うかどうかの瀬戸際に立っていたり、すでに仕事を失ってしまっていたりする。

さらに、二〇二〇年度から社会に出た若者たちもまた困難な巣立ちとなって、社会の荒波に放り込まれている。

仕事が見つからなかった若者や、内定が取り消されてしまった若者や、入社早々会社が傾いてしまった若者が大勢いる。場合によっては、莫大な奨学金の返済を抱えながら仕事が見つからなかった若者もいる。

平常時であれば、彼らはすみやかに救済されるのかもしれない。しかし、社会全体がまとめて波乱に放り込まれてしまっている中では、彼らに気にかけるほど余裕がある人はほとんどいない。

誰もが「自分はこれから生き残れるのか？」と思って余裕がない。社会に出た若者が出た瞬間に苦境に落ちていても、誰もが「自分ではなく他の人に助けてもらってくれ」と考えて結局は放置される。すべての人は、自分が「日本のどん底《ボトム・オブ・ジャパン》」に落ちてしまうのではないか、いやすでに落ちてしまったのではないかと思って、恐怖と不安の中で生きている。私たちは、今までとはまったく違う次元に生きている。戦後、最も過酷な時代である。

それでも、私たちは生き残らなければならない。

鈴木傾城（すずき・けいせい）

作家、アルファブロガー。1966年、東京生まれ。20歳の頃にタイに旅行に行き、そのまま社会からドロップアウトする。バブル期に株式投資で資金を蓄積し、セミリタイア。以後、本格的に東南アジアの貧困街に沈没する生活に入り、2000年よりサイト『ブラックアジア』を主宰し、カルト的な人気を得る。2009年より時事を扱うサイト『ダークネス』を立ち上げ、3年で1億PV超達成、アルファブロガーとなる。

著書『ブラックアジア』『絶対貧困の光景』『堕ちた女の棲む孤島』等々。

『鈴木傾城の「ダークネス」メルマガ編』は、「まぐまぐ大賞」2018年総合大賞5位、2019年MONEYVOICE賞1位。

2020年4月【議員連盟】日本の未来を考える勉強会（代表：安藤裕衆議院議員）で「1000万人の低所得者を放置したら日本の未来はない」と題し講演、動画公開中。

mail : bllackz@gmail.com

ボトム・オブ・ジャパン　日本のどん底

令和2年（2020年）7月31日　初版第1刷発行

著　者　鈴木傾城

発行者　川端幸夫

発行所　集広舎

〒812-0035　福岡県福岡市博多区中呉服町5番23号

TEL: 092-271-3767　FAX: 092-272-2946

https://shukousha.com

制作・装丁　独立社パブリック・リレーションズ

印刷・製本　モリモト印刷株式会社

ISBN978-4-904213-93-3　C0036

集広舎の本　アジアの今を伝える

アジア図像探検

杉原たく哉・著／武田雅哉・監修／杉原篤子・編（二二〇〇円＋税）

安土城「モン・サン＝ミシェル祖型」説やアジアにおける日本語の「ひらがなの［の］のブランド威力」など、古今東西の様々な図像について分かりやすく綴ったショート・エッセイ一四七篇と「七聖剣の図様とその思想」を含む五つの論文を併録。知の楽しさと身近さを文体に宿す、杉原たく哉「図像学」。

チベットの主張　チベットが中国の一部という歴史的根拠はない

チベット亡命政権・編著／亀田浩史・訳／ダライ・ラマ法王日本代表部事務所・監修（一八一八円＋税）

終わりの見えない中国・チベット問題。その始まりと現状、そして将来……結局、チベットはどうしたいのか？ダライ・ラマが提唱する『中道のアプローチ』とは？チベット問題の全てがこの一冊に!! 櫻井よしこ氏推薦！チベットの明るい未来のために助力することは、日本国と日本人の責任である。

仏陀バンクの挑戦　バングラデシュ、貧困の村で立ち上がる日本人と仏教系先住民たち

伊勢祥延・著／上川泰憲・監修（二〇〇〇円＋税）

イスラム教国家バングラデシュに仏教徒の先住民がいることを知っているか？襲撃と貧困で絶望にあえぐ村をブッダの慈悲で立ち上がらせる!! マイクロクレジット支援事業の記録に描かれた日本人と先住民たちの苦闘の十年間。

神道DNA われわれは日本のことをどれだけ知っているだろうか

三宅善信・著（一二〇〇円＋税）

縄文からポケモンまで!! この二十年に起こった出来事を、26歳でハーバード大学に招聘された知の巨人が「神道」のキーワードを元に解明した珠玉のエッセイ集！

マルチグラフト 人類学的感性を移植する

神本秀爾・岡本圭史・編（二一八二円＋税）

他者のことを「わかる」とは、どのようなことか――。わからなさこそが、他者の豊かさであり、人間の豊かさである。差異を含めて受け止めようとする人類学的感性の共有のために――。気鋭のフィールドワーカーによるエッセイ21編＋ショートエッセイ2編。

永遠の時の流れに――母・美君への手紙

龍應台・著／劉燕子・訳／和泉ひとみ・訳（二一八二円＋税）

台湾のベストセラー女性作家・龍應台による、認知症の母・美君に向けて綴られた手紙は、ときに哀惆を滲ませながらも、その語り口の通底音は軽やかで明るい。母に読まれることも母からの返信もないであろう「十九章の手紙」に「掌編のコラム」と「息子たちとの対話」を併録。歴史ドキュメンタリー『台湾海峡一九四九』、逝く父に寄り添う母を描いた『父を見送る』に続く三部作の完結編。